আমার প্রতিবাদের ভাষা

সম্পাদনা - গোপাল পাত্র

pencil

ISBN 978-93-5458-615-6
© Editor -Gopal Patra 2021
Published in India 2021 by Pencil

Contributors:
Editor: Gopal Patra

A brand of
One Point Six Technologies Pvt. Ltd.
123, Building J2, Shram Seva Premises,
Wadala Truck Terminal, Wadala (E)
Mumbai 400037, Maharashtra, INDIA
E connect@thepencilapp.com
W www.thepencilapp.com

DISCLAIMER: *The opinions expressed in this book are those of the authors and do not purport to reflect the views of the Publisher.*

Author biography

" আমার প্রতিবাদের ভাষা "

সম্পাদনাঃ- গোপাল পাত্র

কবি ও লেখকগণ:-

১) গোপাল পাত্র

২) রতন বসাক

৩) চৈতি চক্রবর্তী

৪) অমিতাভ মুখার্জী

৫) হেনা পারভীন

৬) রানী সেন

৭) শুক্লা বিশ্বাস

৮) আরতি চৌধুরী

৯) দিলীপ চক্রবর্ত্তী

১০) কাকলী আক্তার

১১) মুহা. কবির হোসেন

১২) রিয়া মিত্র

১৩) শুভব্রত ব্যানার্জি

১৪) গোবিন্দ মোদক

১৫) হামিদুল ইসলাম

১৬) প্রদীপ চন্দ

১৭)   সুশান্ত পাড়ুই

১৮) সন্দীপ পাল

১৯) অরূপ গুহ

২০) অভিজিৎ ব্যানার্জী

২১) রাফিয়া সুলতানা

২২) আমেনা আক্তার আঁখি

২৩) স্মরণ মজুমদার

২৪) প্রসেন দাস

২৫) শাম্ব

২৬) সুপর্ণা বসু দে

২৭) প্রতিমা চ্যাটার্জী

২৮) স্মরজিৎ দত্ত

২৯) মোঃ গোলাম মোস্তফা

৩০) দেবাশিস বসু

৩১) সঙ্গীতা মজুমদার

৩২) আল মাহদী

৩৩) জয়দেব মণ্ডল

৩৪) নির্মলেন্দু মাইতি

৩৫) সন্দীপ কুমার ঘোষ

৩৬) স্বাগত ঘোষ

৩৭) হরিহর বৈদ্য

৩৮) ভবিতব্য-মহুয়া হাজরা

৩৯) রবীন্দ্রনাথ হালদার

৪০) সূর্য মাইতি

৪১) মলয় দাস

CONTENTS

আমার প্রতিবাদের ভাষা...7

আমার প্রতিবাদের ভাষা

সম্পাদনা :- গোপাল পাত্র

উৎসর্গঃ- স্ব-স্ব ক্ষেত্রে প্রতিবাদী সমস্ত মানুষকে...

সমস্ত রকম পিডিএফ এবং পন্ড ফাইল ও পেজ মেকার

" স্ব- বাকপ্রকাশনী "

Email id:-babanipatra 200@gmail.comPhone number:
-9143098660

আয়োজক:- " স্বরচিত বাংলা কবিতা

"https://www.facebook.com/groups/2063393340357
950/?ref=share_group_link

বিধি সম্মত সতর্কীকরণ:-

এই গ্রন্থের সমস্ত লেখায় লেখক-কবিদের নিজস্ব ভাবনায় ভাবিত ... তারা যে যার মতো স্ব-স্ব ক্ষেত্র থেকে নিজের মনের আয়নায় প্রতিফলিত শব্দকে লেখায় রূপদান করেছেন মাত্র ! কোন একটি বিশেষ - জাতি- ধর্ম -বর্ণ- এবং কোন প্রতিষ্ঠান বা কোনো রাজনৈতিক ধর্মীয় দল কে আক্রমণ করা তাদের উদ্দেশ্য নয় !

কাকতালীয়ভাবে যদি কোথায় কোনও সামঞ্জস্যতা থেকে থাকে তাহলে এর জন্য সমস্ত লেখক/ কবি প্রকাশক ও সম্পাদক কোন অংশে দায়ী নয় ...

সম্পাদকীয়: -

আমার প্রতিবাদের ভাষা

সম্পাদনা:- গোপাল পাত্র

মহামারী " করোনা " থাবা বসিয়েছে সারা বিশ্বে...মৃত্যুর মিছিলে শামিল হয়েছে আমাদের অনেক আত্মীয় পরিজন - এই তালিকা ক্রমবর্ধমান ...

দীর্ঘ লকডাউন এর জেরে বেকারত্বের সৃষ্টি হয়ছে লক্ষ্য কোটি ... তাও যে কিছু কর্মসংস্থান আছে তাও বিভিন্ন রাজনৈতিক দাদাদের দখলে... ওদের প্রণামী না দিয়ে প্রবেশ একেবারে নিষিদ্ধ...

সাধারন মধ্যবিত্তের দু'বেলা দু'মুঠো অন্ন জোগাড় সংস্থান করতে প্রাণান্ত অবস্থা !

স্বাস্থ্য - চিকিৎসা ক্ষেত্রে থেকে শুরু করে শিক্ষা প্রতিষ্ঠানেও চলেছে দুর্বোধ্য রাজনীতি... রাজ্য তথা দেশজুড়ে চরম রাজনৈতিক বিশৃঙ্খলা

" জোর যার মুল্লুক তার " এই নীতিই বলবৎ হয়েছে সর্বত্র ....

রাজনৈতিক দলের দড়ি টানাটানি চলছে ...সমাজের

একশ্রেণীর লোকের এই করোনা কালেও যেন মোচ্ছব অনুষ্ঠিত হচ্ছে ...

সর্বত্র চলছে চোর পুলিশের খেলা ... যেকোনো হিন্দি ফিল্মের থ্রিলার কেও হার মানায় ...কারো কাছে কোন সদুত্তর নেই -

ধূর্ত - শৃগাল ... হিংস্র- হায়নার দল দাপিয়ে বেড়াচ্ছে চারিদিকে ...সিংহ মহারাজের থাবা আজ অবলুপ্ত ... শকুনের দৃষ্টি ভাগাড়ের নয় জল-জ্যান্ত মানুষের দিকে ! সাধারণ মধ্যবিত্ত - খেটে খাওয়া মানুষের অবস্থা তথৈবচ ....যে তিমির সেই তিমিরেই ....

সেই তিমির বিনাশকারীর দেখা মেলেনা কোন খানে ও ....

চারিদিকে কুচক্রীদের ষড়যন্ত্রের ফাঁদ পাতা একটু এদিক-ওদিক হলেই গভীর খাদ.... মৃত্যু অনিবার্য ... !

আমরা তো ধৃতরাষ্ট্রের মত অন্ধ নই - সব দেখছি কিন্তু বলছি না কিছুই...কতদিন আর এইভাবে চলবে?

" অন্যায় যে করে আর অন্যায় যে সহে

তব ঘৃণা যেন তারে তৃণসম দহে।"

সত্যিই তো প্রত্যেকটা সাহিত্য গোষ্ঠীর একটি সামাজিক দায় দায়িত্ব থাকা উচিত বলে আমার মনে হয় .... ফুল - পাখি - আকাশ কুসুম স্বপ্ন থাকবে... থাকবে প্রেয়সীর কথা... তার পাশাপাশি থাকুক কিছু সামাজিক কথা- সামাজিক প্রতিবাদের কথা .... জনসাধারণের কথা বিপন্ন মানুষের কথা... সবই উঠে

আসুক কলমে...

কলম যে তলোয়ারের চেয়ে ধারালো তা পরখ করার সময় বুঝি এসে গেছে ...এই উদ্দেশ্যকে পাথেয় করো-

" আমার প্রতিবাদের ভাষা

আমার প্রতিরোধের আগুন

দ্বিগুণ জ্বলে যেন

দ্বিগুন দারুণ প্রতিশোধে

করে চূর্ণ ছিন্ন -ভিন্ন

শত ষড়যন্ত্রের জাল যেন

আনে মুক্তি আলো আনে আনে

লক্ষ শত প্রাণে। "

শ্রদ্ধেয় সলিল চৌধুরী মহাশয় উপরুক্ত উদ্ধৃতিটি কেন্দ্র করে " স্বরচিত বাংলা কবিতার " পক্ষ থেকে "আমার প্রতিবাদের ভাষা "এই শিরোনামে কবি/লেখকের কাছ লেখা আহ্বান করা হয়েছিল কবিতা/গল্প/অথবা/প্রবন্ধের মাধ্যমে...

ইভেন্টের জন্য অজস্র অজস্র লেখা জমা পড়েছে ... সমস্ত কবি/ লেখকগণ তাদের নিজেদের মতো করে এই প্রতিবাদ

মিছিলে শামিল হয়েছেন ...

সেজন্য সকলের প্রতি আমার আন্তরিক কৃতজ্ঞতা এবং অভিনন্দন রইল ...

শিরোনামটি ছিল "আমার প্রতিবাদের ভাষা " শিরোনামটি কেন্দ্র করে অধিকাংশ লেখা নির্বাচন করা হয়েছে এই সংকলনের জন্য ...যারা নিয়ম মানেন নি বা এই থিমের উপর লেখেনি তাদের লেখা বিচার বিবেচনা করেই বাদ দেওয়া হয়েছে - এইজন্য অতিশয় দুঃখিত !যাদের লেখা বাদ পড়েছেন আশা করি পরবর্তী দিনের জন্য সঠিক নিয়ম কানুন মেনে এবং সঠিক শিরোনামে লিখবেন !

এই সংকলনে ৪১ জন কবি লেখকের প্রতিবাদ মূলক লেখা সংকলিত করা হয়েছে এটি একটি প্রতিবাদ মূলক সংকলন প্রকাশিত করা হলো...এই লেখক-কবি/লেখক গনের মধ্যে এপার ওপার বাংলার অর্থাৎ ভারত-বাংলাদেশের যেমন প্রথিতযশা কবি-লেখকরা আছেন তেমনি বর্তমানে উদীয়মান নবীন কবি-লেখকরা স্থান পেয়েছে সমন্তরাল ভাবেই... সমস্ত পাঠক/পাঠিকাদের প্রতি বিশেষ অনুরোধ এই অনন্য সংকলনটি পড়ুন নিজেকে খুঁজে পাবেন নিজের মধ্যে ঘুমিয়ে থাকা প্রতিবাদী মানুষটাকে অবশ্যই খুঁজে পাবেন - এ কথা বলতেই পারি...

গোপাল পাত্র

(সম্পাদক:- আমার প্রতিবাদের ভাষা)

সূচিপত্র :-

১) এত রক্ত কেন ?

 চেয়েছিলাম এক চিলতে রোদ্দুর হতে

আমরা মুটিয়া- গোপাল পাত্র

২) গরিব বলেই- রতন বসাক

৩) অপেক্ষায় ওনকল রাজা- চৈতি চক্রবর্তী

৪) ধর্ষিত বাংলা- অমিতাভ মুখার্জী

৫) বিশেষ রচনা :- মন্তব্যের মন্তব্য- হেনা পারভীন

৬) অন্যায়ের বিরুদ্ধে-রানী সেন

৭) প্রতিবাদ-শুক্লা বিশ্বাস

৮) ইচ্ছা ডানা ও

দাবানল- আরতি চৌধুরী

৯) লুঠেরা ও দুশ্মা- দিলীপ চক্রবর্তী

১০) করোনায় জনজীবন -কাকলী আক্তার

১১) আত্মপ্রকাশ

আত্মসমালোচনা কর- মুহা. কবির হোসেন

১২) গল্প :-প্রত্যাঘাত - রিয়া মিত্র

১৩) কত দিন আর চলবে- শুভব্রত ব্যানার্জি

১৪) যখন প্রতিবাদ

প্রতিবাদী মিছিলে তুমিও সামিল হও-

গোবিন্দ মোদক

১৫) প্রতিবাদ - হামিদুল ইসলাম

১৬) ক্ষত- প্রদীপ চন্দ

১৭) নয়া রামায়ণ -   সুশান্ত পাড়ুই

১৮) রোদ্দুর - সন্দীপ পাল

১৯) তুলির টানে ও

এ স্বাধীনতা আমার নয়-অরূপ গুহ

২০) আজকের স্বাধীনতা-অভিজিৎ ব্যানার্জী

২১) লড়তে আমি ধরবো মসি

ও আদবে শয়তান - রাফিয়া সুলতানা

২২) করোনায় দেশবাসী- আমেনা আক্তার আঁখি

২৩) নৈশভোজের মেনুকার্ড

ও মানুষ ডা ভালা না - স্মরণ মজুমদার

২৪) বদল - প্রসেন দাস

২৫) নীল শেয়ালের দেশে ও তোমার জন্য - শাম্ব

২৬) একটা কবিতা সুনন্দার জন্য - সুপর্ণা বসু দে

২৭) আমার প্রতিবাদের ভাষা- প্রতিমা চ্যাটার্জী

২৮) আমায় একটু সুযোগ দেবে তো বাবা -স্মরজিৎ দত্ত

২৯) ডাক ও ঘৃণা-মোঃ গোলাম মোস্তফা

৩০) স্বাধীনতা শুধুই পতাকার উড্ডয়নে- দেবাশিস বসু

৩১) নীল বিষ- সঙ্গীতা মজুমদার

৩২) আপন রা সব' জানে- আল মাহদী

৩৩) তার চেয়ে নির্বাসন ভালো- জয়দেব মণ্ডল

৩৪) প্রতিবাদ - নির্মলেন্দু মাইতি

৩৫) থুবড়ে পড়ে গণতন্ত্র ও

অন্য আমি - সন্দীপ কুমার ঘোষ

৩৬) অশনি সংকেত - স্বাগত ঘোষ

৩৭) প্রতিবাদী চেতনা-হরিহর বৈদ্য

৩৮) ভবিতব্য-মহুয়া হাজরা

৩৯) অযোগ্যতার মোড়কে আমি- রবীন্দ্রনাথ হালদার

৪০) ভুলে যাব -সূর্য মাইতি

৪১) একটা গন্ধ - মলয় দাস

৪১) একটা গন্ধ - মলয় দাস

এত রক্ত কেন ?

গোপাল পাত্র

১৫/০৮/২০২১

এত রক্ত কেন ?

যা সূর্যোদয় ও সূর্যাস্তের রং কে হার মানায়!

ফুটন্ত কৃষ্ণচূড়া গাছ দেখে মনে হয়...

শুধু থোকা থোকা রক্ত !

এত হিংসা কেন ?

যা বন্য পশুদের ও লজ্জা দেয় !

এত অসহিষ্ণুতা কেন?

আদিম উন্মত্ততা কেও ভুলিয়ে দেয় !

এত অন্ধকার কেন?

যা দেখে সমস্ত পেঁচারা জেগে ওঠে ?

এত কান্না কেন ?

যাতে সমস্ত পৃথিবী অন্ধকারে ডুব দেয়!

আজ প্রশ্ন করি পৃথিবীর সমস্ত শুভবুদ্ধি সম্পন্ন মানুষ কে?

তথাকথিত সুখী সুখী মানুষ গুলোকে?

সর্বোপরি প্রশ্ন করি পৃথিবীর সমস্ত দেশ নায়কদের ...

যারা কিনা সমাজের ধারক ও বাহক...

সমাজের ভূত-ভবিষ্যৎ !

আজ সকলের পরীক্ষা দেওয়ার সময় এসেছে-

কার মাতৃভক্তি, দেশ ভক্তি কত ?

শুধু কথায় নয় কাজে !

সমস্ত কবি/লেখক তাদের কলমে শান দিক ...

চিত্র শিল্পীরা তাদের তুলিতে লাগিয়ে নিন

আরো ও এক পোচ রং...

কণ্ঠ শিল্পীর একত্রে গেয়ে উঠুক মানবতার জয় গান-

বিদ্রোহের গান !

আর আমার সমস্ত মা বোনেরা হাতা খুন্তি ফেলে-

নেমে আসুক পথে!

আর পৃথিবীর সমস্ত শুভ বুদ্ধি সম্পন্ন মানুষ --

একত্রে রচনা করুক সুদৃঢ় এক " মানব বন্ধন "

সারা পৃথিবী জুড়ে রচিত হোক এক বৃহৎ মানব সেতু ...

প্রত্যয় বুকে নিয়ে আগুনের পরশমণি ছুঁয়ে-

শপথ নিক -আর যুদ্ধ নয়- শান্তি চাই ...

তারপর...

দেখা যাবে কত গুলি- বোমা - বারুদ-

আরডিএক্স আছে এই পৃথিবীতে ?

আর দেখি কাদের জয় হয় -

সন্ত্রাসবাদ.... না মানবতাবাদ ?

চেয়েছিলাম এক চিলতে রোদ্দুর হতে

গোপাল পাত্র

২৩/০৯/২০১৯

আমিতো শুধু চেয়েছিলাম

এক চিলতে রোদ্দুর হতে !

বাবলা খয়রার জানালার ফাঁকে -

একটু খানি হাসির মতো লেগে থাকা

এক চিলতে রোদ্দুর !

রং তুলি ' ফুল, পাখি- লতা -পাতা ...

মাটির নিকানো উঠোন-

খড়ের ছাওয়া দালানবাড়ি !

আকাশ কুসুম স্বপ্ন ...

এক নিমি ষেই রাজা- রানী- বাদশা !

আর আমার কলম হতে চেয়েছিল...

ছোট্ট একটি ঝকঝকে তলয়ারী !

তিনশো সাতান্ন মজুরিতে ওয়ার হাউসে কাজ...

অভাব-অনটনে নানা অভিযোগে -

ডালে ভাতে চলছিল বেশ !

শিল্প খেয়েছে জমি-জিরেত সব কিছুই...

সম্বল মাত্র কয়েক কাঠা জমি !

হঠাৎই শকুনের দৃষ্টি...

দালাল - চিটিংবাজ-জোচ্চোর - প্রতারকদের -

ছিনিয়ে নিল.... আমার এবং ফ্যামিলির ভূত এবং ভবিষ্যৎ !

এক চিলতে রোদ্দুর হতে চেয়ে -

বুকে এখন জ্বলন্ত আগ্নেয়গিরি !

জেগে উঠেছে প্রতিশোধ স্পৃহা...

মারের বদলা মার -

জীবনের বদলে জীবন !

হায় ঈশ্বর...

আমি তো শুধু চেয়েছিলাম-

এক চিলতে রোদ্দুর হতে !

বাবলা খয়রার জানালার ফাঁকে -

একটু খানি হাসির মতো লেগে থাকা

এক চিলতে রোদ্দুর !

তবে কেন এমন ?

আমরা মুটিয়া

গোপাল পাত্র

২১/০৪২০২১

আমরা তো শ্রমিক মুটিয়া মজদুর ...

তোমরা তো বাবু নেতা-নেত্রী প্রথম সারির লোক!

তাই যত্রতত্র ছড়ি ঘোরায় নির্দেশ করো অঙ্গুলি হেলনে-

বাতাস বওয়াও বন্ধ হয় তোমাদের জারি করা নির্দেশে !

দিনরাত হাড়ভাঙ্গা খাটুনির বিনিময়ে কয় শত টাকা পায় আমরা ...

পান থেকে চুন খসলেই- তোমাদের পদ লেহনকারী কাছের মানুষের কাছ থেকে শুনতে হয় অকথ্য গালি-গালাজ ...

 অথবা কপালে জোটে দু'চারদিনের জন্য কাজ থেকে

বসিয়ে দেওয়ার দাওয়ায় !

সেই নির্দেশ অমান্য করার কার বাবার সাধ্য ?

কারণ তাদের মাথার উপর যে তোমার আশীর্বাদী হাত !

আমরা তো মুটিয়া তাই দিনরাত মুখ বুজে খেটে চলি -

আর তোমরা ইউনিয়ন অফিসে বসে শ্রমিকস্বার্থ আলোচনা করো -

ঠোঙা মাপের বেগুনি - চপ মুড়ি খাও ...

আরআমাদের নিয়ে কিভাবে ব্যবহার করবে

তার ফন্দি ফিকিরে সর্বদা ব্যস্ত...

স্টেজে শ্রমিক স্বার্থে বড় বড় ভাষণ দাও -

অথচ করোনার আবহাওয়া দেখেছি

তোমরা শ্রমিকের স্বার্থ কতটা ভেবেছো ?

করোনার আতঙ্কে -

যখন রাস্তার নেড়ি কুকুরটা পর্যন্ত বেরোতে ভয় পেয়েছে...

তখন -জান হাতে করে কাজে যোগ দিতে হয়েছে-

না হলে কাজ থেকে চাটায়ের হুমকি ...

অথচ তোমাদের অশ্বমেদ যজ্ঞ -

মানে ভোটের সমস্ত দায়-দায়িত্ব আমাদেরই কাঁধেই !

জীবনের ঝুঁকি নিয়ে ম্যারাম বাঁধা থেকে শুরু করে -

ত্রিপল খাটানো... ফ্লাগ-ফেস্টুন টাঙানো -

লোক জমায়েত করা...

তারপর...

তোমাদের মুখের মধুর বয়ান শুনে

খেপে খেপে হাততালি দেওয়া -

সব -সব কিছুই ...

তোমরা আমাদের বাড়ির বউ বাচ্চাদেরও বাদ দাও না...

তোমাদের নির্ধারিত নির্দেশে মিছিলে লোক জমায়েত করতে

তাদের বাড়ীর বাইরে বেরোতে হয় জীবনের ঝুঁকি নিয়ে...

কিন্তু আসল সত্যিটা তো এটাই...

দিনরাত পরিশ্রম করে দুবেলা দুমুঠো অন্ন জোটে আমাদের -

অথচ তোমরা বাড়িতে বসে সেই মেহনতের মজুরির ভাত পাও !

অথবা আমাদেরকে পণ্য হিসাবে ব্যবহার করে-

তোমরা লক্ষ-কোটি টাকার আমানতের শীর্ষে বসে থাকো ...

আর তোমরা নেতা-নেত্রীরা- মুখেই শুধু বিরোধীতা-

বিরোধিতা মঞ্চের ভাষণে...

সমস্ত নীতি-আদর্শ ভুলে লাল- নীল সবুজ-

গেরুয়া মিলেমিশে একাকার ...

পুঁজিবাদ নিপাত যাক - স্লোগান - স্লোগানে...

অথচ - পুঁজিপতিদের সঙ্গে সমঝোতা তলে তলে -

এ যেন শৃগাল ও হায়নার সমঝোতা !

আমরা তো মুটিয়া -

যতসব হতদরিদ্র মূর্খের দল তোমরা তো শিক্ষিত-

ভদ্র মুখে বাগ মারার দল !

 আমরাও দেখছি - মানুষ ও দেখছে সব্বাই...

বুঝছে সব কিছুই-

কিন্তু বলছে না মুখে কিছুটি...

এই না-বলা কথায় একদিন ভিসুভিয়াসের মত-

বিস্ফারিত হবে ব্যালট বাক্সে !

সেদিন কি খুঁজে পাওয়া যাবে -

তোমাদের অস্তিত্ব ?

গরিব বলেই

রতন বসাক

১৬.০৮.২১

বছর দুয়েক হয়ে এলোবিশ্বে ভাইরাস হানা,

ঘরের মধ্যে থাকতে হবেবাইরে যাওয়া মানা।

ধনীজনের চিন্তা নেইতোখাচ্ছে পেটটা ভরে,

বলো দেখি গরিব মানুষ বাঁচে কেমন করে?

কাজ হারিয়ে হয়ে গেছেঅর্থ কামাই বন্ধ,

যাঁদের দেখার কথা তাঁরামনে হচ্ছে অন্ধ।

ত্রাণে পুরো পায় না হাতেপেলে চিন্তা বাড়ে,

গ্যাসের মূল্য এত অধিকবলে গিয়ে কারে?

কিছু কেনা সাধ্যের বাইরেটাকা নেই যে হাতে,

কেমন ভাবে খিদে মেটায়ঘুম আসে না রাতে।

কি যে করবে ভেবে মরেকেউ করে না কিছু,

কষ্ট হয়তো গরিব বলেইকরছে সদাই পিছু।

অপেক্ষায়

চৈতি চক্রবর্তী

৮/২০২১

পৃথিবীর ভাঙা কঙ্কালসার মানুষের কাছে জ্ঞান,

নিয়মনীতি ভাঙাগড়া বাদে হতাশার অভিজ্ঞান।

কালের প্যালেটে আঁকা রঙের চালচিত্র,

ডেকে ডেকে দিশেহারা কি বিচিত্র!

ইতিহাসের ফসিলে ঘুমন্ত বাদশার হাহাকার,

হাড় গিলগিলে মানুষেরা কঙ্কালসার।

বিপ্লব ক্ষমতাহীন পেটের যুদ্ধে খুংখার,

কে দেখতে পায় নিরেট সুপথের বাজার?

ভাঙছে ভেঙে টুকরো হচ্ছে মানবতা,

পেটের খিদেয় 'উপদেশ' মানে না জনতা।

একটা আগুন জ্বলুক পৃথিবীজুড়ে,

ছারখার হোক অনাচার দগ্ধ শিখায় পুড়ে।

গড্ডালিকার স্রোতে ভাসমান সংবিধান,

সত্যি কি করতে পারবে কোনো সমাধান?

পৃথিবী আজ ও অপেক্ষায়।

নকল রাজা

চৈতি চক্রবর্তী

২৮/৮/২০২১

স্বার্থ ঢেলে লোভে ফেলে টাকা জড়ো করে,

রাজা বলে রাজ চলে প্রজা ফাঁদে পড়ে।

কালো পথে উল্টো রথে চলে হেসে হেসে,

প্রজা ভাবে দানা পাবে সাধু দেবে এসে।

ভালো চলে ভালো বলে ফাঁদ পাতে কত,

যুক্তি দিয়ে বুদ্ধি নিয়ে লোটে টাকা যত।

ভক্তি দেখে আগে রেখে ভোগ করে সুখে,

বাবা মজে শুধু ভজে অন্যে থাকে দুখে।

দেশে মন্ত্রী ষড়যন্ত্রী পিছে রাখে বেঁধে,

জনগন বুদ্ধু, জন মরে কেঁদে কেঁদে।

ভয়টাকে তুলে রাখে কাজ করে সিদ্ধ ,

শক্তি হাতে মাপে সাথে ভীতু হয় বিদ্ধ।

টাকা কালো খাতা ভালো থাকে চুপিসারে,

খুঁজে পেলে থাকে জেলে জেতা কেস হারে।

একে যায় লাভ পায় অন্যে রয় খালি,

বলো যদি সত্যি তুমি খাবে মিছে গালি।

গরীবের ভাগ্য ফের হয়ে গেছে রাজা,

বাড়াবাড়ি মারামারি ভোগ করে প্রজা।

লেনাদেনা বেচা কেনা ঠিক করে বসে,

লাভ পেলে আসে ফেলে সুদ নেয় কষে।

ধর্ষিত বাংলা

অমিতাভ মুখার্জি

(রচনা কাল -: ১৯-০৪-২০১৯)

আমি সঙ্কিত!

বাংলা আজ লাঞ্ছিত।

ক্ষমতা আজ হাড়িকাঠ জনগন বলির পাঁঠা।

শত জননীর চোখের জলে,

শত বোনের আর্তনাদে বাংলা আজ ধর্ষিত।

তালিকা ভুক্ত ধর্ষণে বাংলা প্রথম শিরোপা।

যে বোনের রক্তে বাংলার মাটি লালে লাল।

লোলুপ জিহ্বার নোনতা স্বাদে ভোটের তালিকা সাজায় গনতন্ত্র।

কলমের ডগায় আগুন তুলেছি, ছারখার আজ কবিতার লাইন।

পোড়াবো আজ যতো অহংকার।

সত্যের ধ্বজা উড়িয়ে বাংলায় ধংস করিব শয়তানের বাসা।

আর নয়, এবার উঠবেই সত্যের সূর্য।

হেসে খেলে বেড়াবে আমাদের বোনেরা।

চোখের জল ফেলবেনা বাংলার মায়েরা।

শত বোনের লাঞ্ছনার হিসাব নেবে জলন্ত কলম।

বাংলা মায়ের আঁচল ভরে যাবে মুক্তির আলোয়।

আজ আমি একা নয়, শত শত কলম আছে হাতে।

নিরবতার বাতাবরণ এবার সরবেই।

ঘুম ভেঙে জেগে ওঠো বাংলার কলম।

আসছে, সে আসছে শুনেছো কি তার পদধ্বনি !!!

মন্তব্যের মন্তব্য

হেনা পারভীন

কিছুদিন আগে ফেসবুকে ও কিছু কমেন্টে দেখলাম, কিছু পুরুষ লোক বলছেন,"দেশে এত খুন ও ধর্ষণের জন্য নারীদের পর্দা না করাই দায়ী।" মন্তব্যটি নিয়ে আমার কিছু কথা-

ইসলামের একটি বিধান হচ্ছে পর্দা করা।এটা নারীদের জন্য ফরয। অবশ্যই সকল নারীদের পর্দা করা উচিৎ।

শুধু পর্দাই নয়, ইসলামের সকল বিধান প্রতিটা নারী ও পুরুষের মেনে চলা উচিৎ। আর ইসলামের বিধান গুলো নারী পুরুষ উভয়ের জন্যই রয়েছে। হ্যাঁ ,এটা ঠিক যে, সবাই যদি ইসলামের বিধান মেনে চলে তবে এত মারামারি, হিংসা, বিদ্বেষ, খুন, বিশৃঙ্খলা সৃষ্টি হতো না।

কিন্তু আমি মনে করি ধর্ষণের মত জঘন্য কাজের জন্য পুরুষদের ঘৃন্য ও পৈশাচিক মানসিকতাই দায়ী। ইসলামে যেমন নারীদের পর্দার কথা বলা হয়েছে তেমন পুরুষদের জন্য অন্য নারীদের দিকে তাকানোয় নিষেধাজ্ঞা আছে। নারীরা পর্দা করেনা তাই তাদেরকে দোষী ভাবা হয়, হ্যাঁ তারা ইসলামের একটি বিধান মানছে না। কিন্তু যারা নারীদের টিজ করে,

ইভটিজিং করে ,নারীদের নিয়ে বাজে চিন্তা করে তাদের কি কোনো দোষ নেই? তারা ইসলামের কোন বিধানটা মানছেন?

ধরা যাক সব নারীরা পর্দা করলো, কিন্তু যারা ইসলাম ধর্মাবলম্বী নয় তারাতো পর্দার অন্তর্ভূত নয়।তো যাদের মানসিকতা ঘৃন্য তারা তো ঠিক তাদের জঘন্য চরিত্র চরিতার্থ করবে। শুধু তাই নয় ,অনেক পর্দাশীল নারীরাও পুরুষদের পাশবিকতার স্বীকার হয়। বিভিন্ন সময়ে আমরা মাদ্রাসার ছাত্রীকে ধর্ষণের খবর দেখি।যারা সঠিকভাবে পর্দা করে। তাহলে শুধু পর্দা না করাটা কিভাবে দায়ী হতে পারে?

তাছাড়া কখনো কখনো খবরে আমরা দেখি বা শুনি যে, পাঁচ বছরের সাত বছরের নিষ্পাপ শিশুরা ধর্ষণের স্বীকার হচ্ছে,খুন হচ্ছে। প্রথম আলোয় প্রকাশিত সংবাদে জানা যায়, ২০১৯ সালে ৫ হাজার ৪০০ নারী এবং ৮১৫ শিশু ধর্ষণের অভিযোগে মামলা হয়। ২০১৮ সালে শিশু ধর্ষণের মামলা ছিল ৭২৭টি এবং নারী ধর্ষণের মামলা ছিল ৩ হাজার ৯০০টি। বাংলাদেশ পুলিশের দেওয়া তথ্যানুযায়ী জানা যায়, ২০১৯ সালে ধর্ষণের কারণে ১২ শিশু এবং ২৬ জন নারী মারা যায়। ২০১৮ সালে ১৪ শিশু ও ২১ নারী মারা যায়।

সুতরাং পরিস্থিতি ক্রমান্বয়ে ভয়ংকর অবস্থার দিকে ধাবমান হচ্ছে। ২০১৮ সালে সারা দেশে ধর্ষণের ঘটনা ঘটেছে ৭৩২টি। বাংলাদেশ শিশু অধিকার ফোরামের তথ্যানুযায়ী, ২০১৯ সালে প্রতি মাসে গড়ে গড়ে ৮৪টি শিশু ধর্ষণের শিকার হচ্ছে, এক বছরে যৌন নির্যাতন বেড়েছে ৭০ শতাংশ। ২০১৯ সালে যৌন নির্যাতনের শিকার হয় ১ হাজার ৩৮৩ শিশু।

এ জন্য আপনি কোনটাকে দায়ী করবেন? নারীর পর্দা না করা, নাকি পুরুষের বিকৃত মানসিকতাকে?

তাই কোনোভাবেই যেন আমরা নারীদের উপর দোষ চাপিয়ে এসব বিকৃত ও জঘন্য মানসিকতার সাপোর্ট না করি।এরা সমাজের কীট।এদেরকে বিচারের আওতায় এনে দৃষ্টান্তমূলক শাস্তির ব্যবস্থা করতে হবে যাতে আর কেউ এমন জঘন্য কাজ করার সাহস না করে।

অন্যায়ের বিরুদ্ধে

রাণী সেন

তেপান্তরের মাঠের পরে আছে যে এক দেশ

হবু রাজা শান্তিতেই রাজত্ব করে বেশ

হঠাৎ করেই উঠলো আওয়াজ নির্বাচন চাই

যে যেখানে আছো সবাই তৈরী হও ভাই

দল গুলো সব উঠলো জেগে শুরু আন্দোলন

জনে জনে গিয়ে বলে আমি তোমাদের আপনজন

আমাকে যদি ভোট দাও অভাব থাকবে না আর

খাবার দাবার, বস্ত্র বাসস্থানের চিন্তা সব আমার

অন্য দল সামনে এসে বলে বুকে জড়িয়ে ধরে

তোমার আমায় জেতাও কোনো ভাবনা নেই পরে

ধন সম্পদ এখানে যা কিছু আছে আমার

জমবে সব এখানেই সব সম্পত্তি সবার

সবাই আমরা সমান থাকবো কেউ নয়তো কম

কেউ খাবে পোলাও কালিয়া কেউবা চমচম।

ভীড়ের মাঝে এক ফচকে ছেলে উঠে দাঁড়িয়ে বলে

সবইতো হলো কিন্তু শিক্ষা ব্যবস্থার কি হবে তাহলে

আমরা কি এমন ধারা মূর্খ হয়েই থাকবো

তোমার কথায় আমরা কি আর ভালো মন্দ বুঝবো!

চাকরি বা পাবো কোথায় রোজগারের কি হবে

দেশের মানুষ কি শুধু নেতাদের কথাই শুনবে!

হঠাৎ করেই নেতা মশাই উঠলো বেজায় রেগে

কে রে তুই বিপক্ষ দলের, এক্ষুনি যা ভেগে

এমন শাস্তি দেবো তোকে বুঝবি তখন ঠেলা

প্রাণটা যদি রাখতে চাস সরে পর এই বেলা।

তোমরা আমার নিজের লোক তোমরা কিছু ভেবোনা

আজকাল আর কারুর ভালো কেউ দেখতে চায়না

মুচকি হেসে বললো ছেলে তোমরা করবে কি ভালো

দেশের মানুষের মাথার উপর জ্বালিয়ে লাল আলো

ছেদো কথায় ভুলছিনা আর যাও এখান থেকে

নিজে যদি বাঁচতে চাও মুখখানি রেখো ঢেকে।

ঐ দেখো জাগছে লাখো মানুষ অন্যায়ের বিরুদ্ধে

প্রস্তুত হও তোমরা এবার জনগণের সাথে যুদ্ধে।

প্রতিবাদ

শুক্লা বিশ্বাস

(রচনাকাল-১৮/১২/২০২০)

ইচ্ছে করে পাল্টে ফেলি প্রতিবাদে জগৎটাকে,

ধনী গরীব সীমারেখা ঘুচিয়ে দিই চলার ফাঁকে।

মনের মাঝে গুমরে মরে পায়না প্রতিবাদের ভাষা,

কন্যা ভ্রুন খুন করে যে বিহ্বল মনে সব নিরাশা।

সবার ঘরে কন্যা-মেয়ে সাজ পোষাকে থাকে বাহার

কেন তবে শিকার মেয়ে,মানুষ হয়ে কীটের আকার।

ঘরের বধূ আনতে হলে চলছে সদাই মেয়ের বিচার,

কালো ফর্সা ধনী গরীব পণ যৌতুকে খুনের বিকার।

জাতের নামে হয় বজ্জাতি সবাই জানি এসব কথা

লজ্জায় নত মানুষ জনম প্রতিবাদেই জাগে ব্যথা।

শ্রমিক কৃষক সমাজ বন্ধু জগৎ টাকে রক্ষা করে,

সুষ্ঠু ভাবে দুই মুঠো ভাত অভাব বিরাজ ঘরে ঘরে।

শীত গরমে মরছে গরীব সাহায্যে হাত ক'জন বাড়ায়,
আরাম করে এ,সি ঘরে কাজের মেয়ের ধরে অন্যায়
প্রতিবাদের আগুন জ্বলে মানব জীবন এমন হলে,
ঘুসের নীতি চলছে অবাধ পড়াশোনা যায় বিফলে।

কোথায় আছে নিয়ম নীতি নেতা মন্ত্রী সবাই সমান,
জোরের সাথে চলে মুলুক সমাজ দিচ্ছে অখন্ডমান।
নেই সহিষ্ণু মানবিকতা নেই শ্রদ্ধায় বিনয়ের স্বভাব,
আগ্রাসনে চলছে খেলা হিংস্র মনের হয় না অভাব।

 প্রতিবাদে থমকে গেছি মানুষ নামের কালি মেখে,
বোবা ভাষায় গুমরে মরি নীরব থাকি বিপদ দেখে।
লক্ষ টাকার বিলের বোঝা হাসপাতাল দিচ্ছে হাতে,
প্রতিবাদের ভাষা কোথায়?মরছি যেভাই দিনে রাতে।

ইচ্ছা ডানা

আরতি চৌধুরী

তারিখ:15/06/2021

তোমার ইচ্ছা - অনিচ্ছার

ঢেউ খেলানো ডানার দোলায়

প্রতিবিম্ব হয়ে দুলছি অবিরত!

তোমার ইচ্ছা নদীর পারে বসে

তপ্ত সাহারা সম বালুকা বেলায়

কাটিয়ে দিলাম বেশ কয়েকটা বছর

অঙ্গে পৃষ্ঠে বাঁধা যন্ত্রনায়!

জলে - স্থলে , সর্বত্র

চাপ সৃষ্টি করে চলেছ।

সব আশা পাখী গেছে উড়ে

অনাগত ঝড়ের আশঙ্কায়!

একটু প্রাণ ভরে শ্বাস নিতে আর পারছি না যে!

ধুঁকছি প্রতিক্ষণ কৃত্রিম স্বাসের আশায়!!

আশা গাছটি বপন করেছিলাম

কল্প তরু বৃক্ষের মতো ফলের আশায়,

বহু যাতনা সয়েও রয়েছিলাম প্রতীক্ষায়।

ভাবনি তুমি আমাদের যাতনার কথা

উপড়ে ফেলে দিয়েছ স্বচ্ছন্দে।

লাগিয়েছো সেথায় বাঁশের ঝাড়,

একটু হাওয়াতেই ঠোকাঠুকি করছে

কুৎসিত আনন্দে!

আমাদের ধূলিভরা ধূসর চোখে

তোমার প্রকৃত রূপ ধরা পরেনি,

তোমার খন্ড বিখন্ড প্রতিবিম্বেও

পরা ছিল যে মুখোশ!

এই তুমি কি সেই তুমি?

তোমার আবেগে ভরা প্রতিশ্রুতির আহ্বানে,

কুতো গান গেয়েছিলাম উদ্দাম কন্ঠে।

ভবিষ্যতের ফুল বিছানার আশায়

বিসর্জন দিয়েছিলাম সব বিলাসিতা!

সত্যি, কি দারুন অভিনয়!

নায়কের বেশভূষায় মঞ্চে দাঁড়িয়ে

খন নায়কের ভূমিকায়!

উষ্ণ বাক্যের আলিঙ্গনে

ডুব দিয়েছিলাম তোমারি গহন কৃষ্ণ সাগরে

অতি পিয়াসে, বিশ্বাসে!

আস্তাকুঁড়ে রইলো পরে

 আমাদের যতো ইচ্ছার বাণী।

তোমার মন সাগরে প্রস্ফুটিত হলো

তোমার ইচ্ছা ফুলের রানী!

বেশি দূরে কি জল সমাধি?

এখনো কান পেতে শুনতে পাইস

সরযূ নদীর ঢেউ এর ছলাৎ ছলাৎ ধ্বনি

তুমি কি শুনতে পাও না?

~~~~~~~
~~~~~~~

দাবানল

আরতি চৌধুরী

12/05/2021

এ কেমন দাবানল?

লাখো মানুষ জ্বলে পুড়ে হলো ছাই!

তবু হিংসা - প্রতিহিংসার কোন সীমারেখা নেই।

প্রাণে প্রাণ ঢেলে বলতে পারছি কই

 এসো, মন - মুখ এক হয়ে দুটি কথা কই!

জিজ্ঞাসি বিদঘুটে কটু গন্ধে

শ্বাস শ্বাস টেনে টেনে,

ভালো আছো তো?

কোন সুখে আছো কুম্ভকর্ণ নিদ্রায় নিদ্রিত?

কাশর,ঘণ্টায়ও নিদ্রা ভাঙে না যে!

মনের কপাটে দিয়েছ খিল,

দিয়েছো বন্ধ করে জানালাগুলোও,

সব আলো নিভিয়ে রয়েছ নীরবে!

ভেবেছো কি কালো ছায়া কভু

পরবে না তোমার দুয়ারে?

রোষানলের আলো কি নেভানো যায়?

ছাইয়ের ভিতর হতে ফুলকি দিয়ে

 জন্ম নিবে নতুন স্ফুলিঙ্গ!

সন্তান হারা জনক- জননী

পিতৃ মাতৃহীন শিশুগণ,

ঘর উজার হওয়া স্বামী - স্ত্রী

একক হোক বা যৌথ প্রচেষ্টায়

সুপ্ত আগ্নেয় গিরির মতো

 যখন তখন বিদ্রোহের লাভা করবে উদগীরণ!

এখনো শুধাই,

ভালো আছো তো?

ভালো আছে তো তোমার সুখ?

অন্তর্দাহে জ্বলছে না কি তোমার বুক?

কান পেতে রই রিসিভারে!

শিলা খন্ড হয়ে গেছে কি তোমার হৃদয়?

প্রতিমূর্তির ন্যায় ভাষাহীন হয়ে

 বসে আছো কোন অধিকারে,

মুকুট পরে সিংহাসনে?

এই কি ন্যায় এর প্রতিমূর্তি?

এই কি ছিল তোমার ন্যায্য প্রতিশ্রুতি?

আমরা এখনো আশাবাদী,

তোমার কঠিন হৃদয়ে কোমল ভালোবাসার

 সুগন্ধি কুসুম প্রস্ফুটিত হোক,

হৃদয়াকাশে একটু মেঘ জমুক,

অন্তত এক পশলা বৃষ্টি ঝরুক!

সৃষ্টি হোক শান্তির বাতাবরণ।

লুঠেরা

দিলীপ চক্রবর্ত্তী

18.08.2021

স্বদেশ আমার বিপন্ন,মধ্যরাতে ভারী পায়ের শব্দ,

স্বজনহীন বন্ধুহীন অরক্ষিত জীবন লুষ্ঠিত হচ্ছে।

অন্ধকার টানেলের ভেতরে নির্বাক আমরা সবাই,

পঁচাত্তর বছরের ইতিহাস জড়ো হচ্ছে ডাস্টবিনে।

এ'যুগের ধর্মপুত্র কিম্ভূত-কিমাকার এক জুয়াড়ি,

কাপালিক বিজ্ঞানের ছলাকলায় হোম করছে।

রাজনীতিতে সে বড় দক্ষ,বড়ই চতুর,বেপরোয়া,

লেনিনের স্ট্যাচু গুঁড়িয়ে কিলোদরে বিক্রী হচ্ছে।

সাম্য মৈত্রী ঐক্যের মন্ত্র ভুলে গেছি আমরা,

নিরস্ত্র নিরুদ্যম কিংকর্তব্যবিমূঢ় ধর্মতলার পথে!!

দুর্গা

দিলীপ চক্রবর্ত্তী

28.08.2021

আমার খড়ের চালায় লাউশাক,পুঁইশাক,সিমগাছ,

আগমনী রোদ্দুরে ভাসছে ধরনী,উমাদের আসা যাওয়া,

স্বপ্নময় আকাশ চিরে উড়ে এসে বসে নীলকঠ পাখি,

আমি তাদের বলি,চলো কলকাতা 'দুর্গা মা' দেখতে,

মা এসেছেন দুটো ছেলে আর দুটো মেয়েকে নিয়ে,

মা যেমন আসো,ঠিক তেমন চলে যাও দশমীতে।

তুমি চলে যাচ্ছো---দশদিকে দশ অস্ত্রের ঝনঝনাৎ,

তুমি চলে যাচ্ছো---বাতাসে বারুদের পোড়া গন্ধ,

আকাশ ভেঙে পড়ছে বিদ্যুতের ঝলকানি বজ্রপাত,

তোমার মূর্তির কাঠামো ডুবতে ডুবতে ভেসে উঠছে,

কাশবনের বুক চিরে তাল সুপুরি সারির পাশ দিয়ে,

কতদিন ধরে তুমি যাচ্ছো,যাচ্ছো তো যাচ্ছো,

নিঃস্ব মৃতের নগরী ফেলে রেখে,তুমি চলে গেলে।।

করোনায় জন জীবন

কাকুলী আক্তার

তারিখ-১৮/০৮/২০২১

হে মহামারী করোনা !

তুমি কাউকে পর করলে না,

তোমার করাল গ্রাসে হলো

ক্ষতবিক্ষত প্রাণের আলো।

চলছে নাকি তোমার বৃদ্ধির আগমন

তাই দিলো দেশে কঠোর লকডাউন,

চলবে না রাস্তায় কোনো যানবাহন

কিভাবে দিনপথ চলবে তবে তারা যে গরীবজন।

পেটে নাই ভাত-ক্ষুধার্ত তারা

লকডাউনে দিনমজুর রা হচ্ছে সর্বহারা,

করোনা এসে মরলো সব দিনমজুর

না,করোনায় আক্রান্তে না-,না খেয়ে দিনভর।

চলছে বছর ধরে শিক্ষাপ্রতিষ্ঠান বন্ধ

পড়াশুনা ভুলে শিক্ষার্থী রা আজ হচ্ছে অন্ধ

দেখা নাই বই এর সাথে বছরভরও

অ,আ,ক,খ ভুলে আজ শুধু কান্দো।

শিক্ষাপ্রতিষ্ঠান খুলবেনা এ বছরও।

খেটে খাওয়া মানুষগুলি আজ ঘরবন্দী

তাদের মেরে দেওয়ার এটা কি ফন্দি!

তারা যে দিন আনে দিন খাই,তবে চলবে কেমন করে,

পরিবারের মুখে অন্ন জুটে তারা যে ঘরে ফিরলে।

লকডাউন, লকডাউন, লকডাউন

চলবে না আর কোন কারখানা,যানবাহন,

ঘরে বসে শুনো সবাই সাতকাহন,

পেটে না দিয়ে কোনো খাওন

করোনায় মরো না-,না খেতে পেয়ে মরো

এরই নাম লকডাউন।

আত্মপ্রকাশ

মুহা. কবির হোসেন

১৯।৮।২০২১

যুগের ফেরী করে অবিরত পাড়াপাড়

হাজার হাজার বছরের বসুধায় ,

গগনের রবি প্রবাদ প্রভাকর

অপবাদ কে তার শুনেছি ধরায়?

অপবাদ শুনি সহে ঈশ্বর ,সৃষ্টি কার?

মানুষ ও সৃষ্টি যার ,তার !

বক্ষঃস্থলের বাম পার্শে পর্দার অভ্যন্তর

আছে একটুকরো গোশত যে সত্তার।

পশুদের ও আছে যে, সেটুকু সবার

জীবিত হোক চাই সে মৃত্যু আত্মার ,

কলব রুহ নফস দিল বা আত্মা নামে

উজ্জীবিত রই যাতে সবে উজ্জ্বলতর।

যে সত্তার উপরে অর্পিত স্রষ্টার দর্শন

চর্মচোখে দেখিবার নেই মন্ত্র,

নেই আত্মার উজ্জ্বলতার আকার পরিমাপক

যেমন কোন মাপযন্ত্র তন্ত্র।

ভৌত জগতে সময়ের একক সেকেন্ড

কাজের একক আছে জুল ,

আলোর উজ্জ্বলতা একক ক্যান্ডেলা

প্রবল বহন করে কোয়ান্টা বা, ফোটন।

সৌরজগতের কক্ষপথ গুলো উপবৃত্তাকার

চন্দ্র সূর্য নক্ষত্ররাজী গোলাকার ,

আলোর বেগের ধ্রুবতারও আবিষ্কার

অনাবিষ্কৃত মানবাত্মার রূপ ও আকার।

প্রশ্নটা এসেই গেলো নীলনদের দানে

সে মিশরের ,প্রতি বছর যে, বন্যায় !

আলোর উপরে চলেছিল অভিযান বেরিবাঁধের

বিজ্ঞান কেন ব্যর্থ সে সাধনায়?

সুসংগত আলোর দশা কে করে জিজ্ঞাসা

উৎসের উপরে আছে উৎসকর্তা ,

অসীম যেথা সীমার বাঁধ নির্মাণ চলেনা

একক ক্ষমতারাধার কেবল সে সৃষ্টিকর্তা।

গোধূলি লগ্নে ঈষৎ অন্ধকারে নিশিরাত

ভাম্যমাণ পৃথিবী দেখি সর্বোকাল ,

সূরুজের সম্মুখ পেলে হয় দিবাকাল

বিপরীতে আলো আটকে রজনীকাল।

দিবশোরজোনি রীতিমত এমনি পারাবার

যে সহেন একক পরিচালনার ভার ,

স্বাধীনতা রয়েছে সৃষ্টিতে যদিও তোমার

ব্যবহারিক জীবন যে ,করায়ত্তে তার।

পৃথিবীর বুকে বিশাল জলরাশির কলতান

পাহাড়ের ঝর্ণাধারা দেখি বহমান ,

কতোই না প্রকাশ নিয়মিত দিকচক্রবাল প্রমাণ

পথহারা না বুঝিবে পথের মান।

সুপথ পেয়েছে যে ,সে বুঝি পথিকের দান

সাজিয়েছে যে, আধাঁরে আলোর ভুবন ,

কুপথ ছেড়ে সুপথে যেই সৌভাগ্যবান

জীবনের গন্তব্যে সেই যে, মহান।

জানি অভিজ্ঞতায় তাত্ত্বিক জ্ঞানের পাশ

জীবনের সৌজন্য নহে আশ্বাস ,

ব্যবহারিক জীবনে ফুটাতে হয় আত্মবিকাশ

কুসুম সাদৃশ্য রূপে যা ,থাকে প্রকাশ।

আত্ম সমালোচনা কর

মুহা. কবির হোসেন

তারিখঃ ২৫।৮।২০২১

আমি বলি তুমি মানুষ আছে হুশ

আছে জ্ঞান নিরঙ্কুশ,

তুমি সত্য তুমি নিত্য পাছে চাক্ষুষ

যাচি হে যেন অঙ্কুশ।

তুমি ভৃঙ্গী তুমি নন্দিনী তুমি বাল্মীকি

কবি রমায়নের মহাকাল,

আমি জানি তুমি বন্দিনী স্রষ্টার কলঙ্কী

সজ্ঞানে বুঝিবে হাল।

জানি না কার শিষ্য বলি দেখ বিশ্ব

অভাবের তাড়না বিষে,

মানি সরদার শীর্ষ সবল রেখ নিঃস্ব ,

স্বভাবের বিড়ম্বনা পিষে!

তুমি সৃষ্টির চির সুন্দর সেরা জীব

মনুষ্যে জ্বালো দীপ

দৃষ্টিরে অবনমিত কর স্মর ঘেরা পার্থিব

সত্যের মহাসত্য চিরঞ্জীব।

জাগ সত্যের সন্ধানে জ্বালো আগে নিজ

পরসমালোচনা ছাড়,

ডাক নিত্য জ্বালো সত্য অনুরাগে বীজ

আত্মসমালোচনা কর।

গড় তুমি কাবা মন্দির দেব গির্জা

পাষাণ হৃদয় ঘর,

করনি সেবা প্রবীণ বাবা মা'র ভিজা

নয়ন বয় যে ঝর।।

লয় করে হিমালয় জয় কর বিস্ময়

গন্তব্যে পথে অন্তরায়!

দিবালোকে রয় কিংকর্ম মুখর

উর্ধ্ববক্ত্র মন্তব্যে যাচনা।

নিশাচরে হায় কে দেয় সে ওমরের ন্যায়

বুভুক্ষুর গন্তব্যে সান্ত্বনা?

আত্মশুদ্ধি কর আগে ছাড় সমালোচনা

হও বড়দের মত,

কলুষিত বড় ব্যর্থতার মন্ত্র কভু যে মানেনা

রও গুরুদেব শত।

গল্প:-

প্রত্যাঘাত

রিয়া মিত্র

অনুজেরবুকের ওপর বসে পাগলের মতো বারবার ছুরির আঘাত করতে থাকে শিপ্রা। অনুজের শরীরটা নিথর হতেই কান্নায় ভেঙে পড়ে সে। এত দিন মুখ বুজে মেনে নিয়েছে সমস্ত অন্যায় কিন্তু আজ আঁচ এসেছে নিজের সন্তানের ওপর...কিছুতেই সহ্য করবে না সে এই নোংরামি। অনুজের শরীরটা ছেড়ে ঘরের এক কোণে মেয়ে টাপুরের জ্ঞানহীন শরীরটা জড়িয়ে ডুকরে কেঁদে হাহাকার করে ওঠে শিপ্রা...।

দরজায়অনবরত ধাক্কার আওয়াজ শুনে ছুটে এসে দরজা খোলে টাপুর। নিজের মেয়ে টাপুরের দিকে তাকিয়ে একবার শুকনো খটখটে ঠোঁটটাকে জিভ দিয়ে চেটে নেয় অনুজ। পর মুহূর্তেই ঘরে ঢুকে টাপুরকে বিছানায় ফেলে দিয়ে ওর ওপর ক্ষুধার্ত সিংহের মতো ঝাঁপিয়ে পড়তে যায় সে। কিন্তু তার আগেই ওর ওপরে ঝাঁপিয়ে পড়ে শিপ্রা...।

টলমলপায়ে বাড়ির দরজাটা ধাক্কা দিতে থাকে অনুজ। আজ শালা কপালটাই খারাপ! মেয়েছেলেগুলো আজ যে আবার কীসের স্ট্রাইক ডেকেছে! অথচ কচি মাল না পেলে যে ওর

রাতের মজাটাই জমে না!

রোজঅফিস থেকে বেরিয়ে সোজা পানশালায় গিয়ে বসা অভ্যাস অনুজের। নেশাটা বেশ ভালোভাবে চড়লে টলমল পায়ে নেশাতুর চোখে হাজির হয় নিষিদ্ধ পল্লীতে। এ তার রোজকার রুটিনের মধ্যে পড়ে। ঝড়-বৃষ্টিতেও কখনো অন্যথা হয়নি। কিন্তু আজ তাকে প্রথম বার বিফল মনোরথে ফিরে যেতে হচ্ছে বাড়িতে। মেজাজটা কড়কে আছে একদম।

কতদিন আর চলবে

শুভব্রত ব্যানার্জি

থাবা বসালো জীবনে মোদের রাজনীতির সব নেতা,

দেখিয়ে দিল রং তাহাদের দেখিয়ে তাদের কেতা।

জীবন করলো ঘরেতে বন্দী করোনার নাম নিয়ে

ছিনিয়ে নিল সুখ স্বাচ্ছন্দ্য রোগের দোহাই দিয়ে।

আছে তারা বসে শীতল ঘরেতে সুখের পান মুখে

ভরেছে দেশের মানুষগুলোর অশ্রু জলের সুখে।

বৃত্তবানের ঘরেতে আজিকে আভব নেই তো কিছু

টাকার লোভে আজও ছোটে তাদের পিছু পিছু।

গরীবগুলো শুধু যে মরে দারিদ্রতার জালে

কবে যে আবার আসবে সুদিন প্রতীক্ষা সেই কালে।

কলকারখানা উঠবে গর্জে উৎপাদনের তালে

দেশের মানুষ হাসবে আবার পুরনো সেই চালে।

ভয় যে আজি হয়েছে ব্যধি মানুষের প্রতি মনে

ব্যবহারে তাহা প্রকাশ পায় তাহাদের প্রতি জনে।

ব্যবসা চলেছে কালো বাজারির সমাজে প্রতি পদে

ঝুলছে তালা সর্বত্র জীবনের সেই নদে।

শিক্ষা আজকে বিলুপ্ত ছাত্র জীবন স্তরে

পড়াশুনা আজ হয় না তেমন প্রতি ঘরে।

স্কুল কলেজের দুয়ার বন্ধ দলের পতাকার চালে

কবে যে আসবে সুদিন ফিরে প্রতীক্ষা সেই কালে।

মূল্য আজকে আকাশ ছোঁয়া আগুন জ্বলছে যেন

ভিক্ষে চেয়েও পায় না কিছু ভিখারি বৃত্তে কেন ?

মানবিকতা আজ মাটিতে মিশেছে করোনার প্রভাবে

মৃত্যু মিছিল লেগেছে আজিকে চিকিৎসার আভবে।

সরকারী অফিসে কাজ করে যারা আছে তারা সুখে

ঘরে বসে তারা মাইনে যে পায় কাটে না জীবন দুখে।

অন লাইনে কী যে কাজ করে ভাবিনা পারিতে তাহা

হাসে শুধু তারা কাজের চাপ বুঝিবে না তোমরা যাহা।

আটকে ট্রেন বাস, পথের মাঝেতে জীবন করলে স্তব্ধ,

যে দিকে তাকাই শুধু সেখানে দেখি সবকিছু বন্ধ

খুলে দাও সব মিনতি মোদের উন্মুক্ত করো মন

আর কতদিন রাখবে বন্দী আমাদের এই জীবন।

যখন প্রতিবাদ

গোবিন্দ মোদক

তারিখ: 20/08/2021

প্রতিবাদ   তোমার আমার রক্তে ভেজা!

প্রতিবাদ   বুকের ভিতর আগুন তাজা!!

প্রতিবাদ   সোনার সকাল যাচ্ছে জ্বলে!

প্রতিবাদ   হক বুঝে নাও প্রতি পলে!!

প্রতিবাদ   দুধের শিশুর কান্না মেশা!

প্রতিবাদ   রুদ্ধ মনের আগুন ভাষা!!

প্রতিবাদ পলে পলে কবির ভাষায়!

প্রতিবাদ   নতুন দিনের আশায় আশায়!!

প্রতিবাদ   তুমি আমি আমরা সবাই!

প্রতিবাদ   অত্যাচারী হবেই জবাই !!

প্রতিবাদ   কালো ধোঁয়া যাক উড়ে যাক!

প্রতিবাদ   রাত্রি শেষে সূর্যটা থাক!!

প্রতিবাদ   রাখরে এবার ফুলের নেশা!

প্রতিবাদ   মনের কবির কলম পেশা !!

প্রতিবাদ   ভাঙছে উঁচু ভাঙছে নিচু!

প্রতিবাদ   গড়ছে নতুন তারই পিছু !!

প্রতিবাদ   একটিবারও গর্জে ওঠায়!

প্রতিবাদ   নতুন দিনের সূর্য ফোটায়!!

প্রতিবাদ   তোমার আমার হক অধিকার!

প্রতিবাদ জয় হবেই বার-প্রতিবার!!

প্রতিবাদ   পাওনা তোমার ছিনিয়ে নাও!

প্রতিবাদ   নতুন দিনের বাজনা বাজাও!!

প্রতিবাদ   তোমার বুকের রক্ত লেখায়!

প্রতিবাদ   ইতিহাসের পাতায় পাতায় !!

প্রতিবাদী মিছিলে তুমিও সামিল হও কবি

গোবিন্দ মোদক

তারিখ: 28/08/2021

চাঁদ - ফুল-তারাদের বানানো গল্প এখন থাক,

মায়াবী আলোর রূপোলি কল্পনা ছেড়ে

বরং নেমে এসো ফুটিফাটা প্রান্তরে

যেখানে দারিদ্র্যের ঠা-ঠা রোদে

ঘামে পুড়ে কালো হয়ে যায় --

বারুদের গন্ধে ঘুম ছুটে যায়

ছোট্ট চারাগাছের,

দুধের বালকের কচি কচি দুধ-হাত

থর-থর কেঁপে ওঠে,

যেখানে একালের ক্রীতদাস দুঃসহ স্পর্ধায়

হাতে তুলে নেয় গান্ডীবসম কোনও হাতিয়ার,

রণক্ষেত্রে আছড়ে পড়ে পৌরুষভরা হূ-হুঙ্কার,

যেখানে চওড়া রাস্তার পাশে জনৈক ভিখারি

ভিক্ষাপাত্র সরিয়ে নুলো হাতেও তুলে নেয়

আত্মরক্ষার পাথর,

যেখানে প্রতিবাদী কোনও আদিবাসী রমণী

তার তৈজসপত্রের মধ্যেও খুঁজে ফেরে

তার হাতের অস্ত্র,

দুপুরের তেজী বাতাসকে শান দিয়ে

যেখানে ভাষা হয়ে ওঠে

বুকের ভেতরের মধ্যেকার

আরও কোনও গোপন বুকের সরব প্রতিবাদ,

সেখানে ওগো কল্পনাবিলাসী কবি --

হাতের কলম বজ্রমুষ্টি হয়ে

একবার অন্তত ঝলসে উঠুক

প্রতিবাদী ভাষার অহংকারে।

চাঁদ-ফুল-তারাদের বানানো গল্প

এখন বরং থাক।

প্রতিবাদ

হামিদুল ইসলাম

20/08/2021

এসো প্রতিবাদ করি

জীবন প্রতিবাদের ভাষা

আজ প্রতিবাদের জন্মদিন।

আজ কণ্ঠের জন্মদিন

আজ স্পর্ধার জন্মদিন   ।।

করোনার ইতিহাসে প্রতিদিন জন্ম নিচ্ছে বেকারত্ব

নেই কর্মসংস্থান নেতাদের দরজায় প্রতিদিন ধর্ণা।

জবাব নেই নেতাদের প্রতিবাদের ভাষা আগুন হয়ে ঝরছে
রোজ   ।।

সাধারণ মানুষের হাতেও কাজ নেই

দিন আনা দিন খাওয়া। ভূখা পেট।

বিনিদ্র রাত কেবল হিসহিস গভীর শ্বাসের শব্দ

বন্ধ হচ্ছে কল কারখানা মিল ফ‍্যাক্টরি ।।

গর্জে উঠছে প্রতিবাদের ভাষা রাস্তায় মিছিল।

ভূখাপেটারা চিৎকার করছে আগুন জ্বলছে পেটে।

কারখানার গেট ভাঙেছ লাখো লাখো সংগ্রামী হাত প্রতিবাদ।

আজ সব পাল্টানোর প্রতিবাদ ।।

বছরের পর বছর স্কুল কলেজ বন্ধ

প্রতিবাদ করছে পড়ুয়ারা হাজার প্রতিবাদ মুখরিত হচ্ছে সারা দেশ জুড়ে। তবু ঘুম ভাঙে না ওদের এসো প্রতিবাদ,

চাই আরো প্রতিবাদ ।।

ক্ষত

প্রদীপ চন্দ

২০.৮.২০২১

প্রতিটি শব্দের গায়ে লেগে আছে

 অনাদি অব্দের ক্ষত,

রক্তপাতের পথ রুদ্ধ, শূন্যতায়,

যন্ত্রনার শব্দভূমি, গভীরতায় লীন,

অযান্ত্রিক এ স্থবির মরণ,

ধিকিধিকি খোলস ছিঁড়ে,

লেলিহান হওয়ার সময় এখন ;

চারপাশে অজস্র কালো কুয়াশার শিলা স্তর,

অবিরত মুখোশের আড়ালে,

 জমা হয় নিগূঢ় পাহাড়;

 এত দংশন, হিম অবসাদ, জলস্রোত

অন্ধ কেবল রাজপথ,,

কেন এই প্রস্তর নিথর !!

একটি কাঙ্ক্ষিত অরাজকতা,

আসন্ন অগ্নি সংস্করণ,

পাহাড় ভেঙে অক্ষরে অক্ষরে গাঁথা,

দুর্বিনীত ইমারত ;

একটা বিধ্বংসী অগ্ন্যুদ্গীরণ,

কুয়াশার আড়াল ঠেলে,

জেগে ওঠা জ্বালামুখ, কাঁপছে ইথার,

ভারসাম্যহীনতার বদান্যতায়,

ছিঁড়ে যাবে রিখটার !!!!

আগামী শিশুর অবাধ শব্দ কাকলির অমলিন অনুবাদ,,,,,

নয়া রামায়ণ

সুশান্ত পাড়ুই

০৪/০৮ /২০২০

আমিই ভৃঙ্গি আমিই নন্দী আমি নয়া বাল্মীকি

মাখিয়া ভস্ম শিবের শিষ্য রাখি না মাথায় টিকি।

আমি যাযাবর আমি হলধর চালাই ধর্ম-হাল

আমিই কৃষ্ণ আমিই সারথি আমি নব মহাকাল।

বাধার প্রাচীর ভেঙে চৌচির

দূর করে দেবো এ ঘোর অচির

মহাভারতের কর্ণ আমি গড়িব নতুন বিন্ধ্যাচল।।

তুমি যে মোল্লা ডাকিছো আল্লা নামাজ পড়িছো মসজিদে

অভাবে যাদের পেটে ভাত নেই জেনেছ তাদের খিদে?

তিলক কেটেছ সেজে বড় সাধু পূজা করো মন্দিরে

মিশেছ কখনো ভুখা নিরন্ন মরা মানুষের ভিড়ে?

আমি মানিনা কোরান গীতা

আমি করি না ধর্মদ্রোহিতা

আমি হকের পাওনা বুঝে নেবো ঠিক একেবারে চুলচিরে।।

লিখে যাবো আমি নব রামায়ণ বুকের রক্ত দিয়ে

রক্ত ঝরাবো আগুন জ্বালাবো ওদের সবারে নিয়ে।

আমি বস্তির ছেলে হারান, পরান,সিধু-কানু, যদু, মধু

আমি তসলিম নই মুসলিম নই কোন হিন্দু।

ঘরেতে আমার জ্বলেনা তো আলো

পেটের খিদেয় জ্বালায় উথালো

আমি মাভৈঃ মাভৈঃ তাতা থৈথৈ মুছাবো অশ্রুবিন্দু।।

নয়া ভারতের তুমি বাল্মীকি সেজেছো শাসক-পক্ষপুটে

মিথ্যে কালিতে করেছো রচনা উপঢৌকন লুটে।

আমি গড়িব নতুন ভারত, রাম-রহিমের ভূমি মহান

আমি ছিঁড়িব মুখের মুখোশ ভাঙিবো এ অকুস্থান।

আমি সাজিব রণের সাজ

আমি ভাঙিব স্থবির রাজ

আমি মহাভারতের নারায়ন সেনা দারুন শক্তিমান।।

আমি করিব রচনা কোরান পুরান গীতা বাইবেল

আমি বাজাবো ডঙ্কা না করি শঙ্কা হবোনা তো উদ্বেল।

কুরুক্ষেত্রের এ মহাশ্মশানে জ্বালাবো মশাল উল্কি

আমি রুধিব মায়ের মান, বধিব শৃগাল কুকুর খেঁকি।

পথেই হবে তো পথ চেনা

মিটিয়ে নেব রে সব দেনা

নয়া রামায়ণ করিব রচনা, আমি নয়া বাল্মীকি।।

রোদ্দুর

সন্দীপ পাল

তারিখ- ২০/৮/২০২১

বৃষ্টি ভেজা রোদ্দুর দাঁড়িয়ে একা

বজ্র কণ্ঠে উঠিল ডাকি।

চল সবে কাম-কাজ ছাড়ি,

আর মানবো না মহাজনের বাড়াবাড়ি।

রোদে জ্বলে খাটি মোরা

ঝরিয়ে মাথার ঘাম।

টাকার গদিতে বসে মহাজন

কমাতেই ব্যস্ত মোদের দাম।

প্রতিবাদের ঝড় উঠেছিলো সেদিন

আমাদেরই ঘরে ঘরে।

মহা তমসায় ঢেকে দিল রোদ্দুর

আঁধার নামিল রাস্তার পরে।

প্রতিবাদের ঝড় থেমে গেলেও আগুন ছিল গুমরে গুমরে।

আবারও আসিল নতুন ভোর

রোদ্দুর উঠিল জেগে।

গর্জে উঠলো মহা সমরে

মহাজন গেল ভেগে।

রোদ্দুর আর কেহ নয়,ও থাকে আমাদের অন্তরে,

রোদ্দুর আমাদেরই আমি

জেগে ওঠে অধর্মে অনাচারে।

তুলির টানে

অরূপ গুহ

তাংঃ১২.০৮.২০২১

তুলির টানে একটা শহর আঁকা যায়

বাস্তবে একটা শহর গড়ে তোলা অনেক কঠিন

তুলির টানে একটা শহরের রূপরেখা হয় কতো সহজেই

অথচ একটা শহর গড়তে এক যুগ লেগে যায়।

তুলির টানে একটা ঝরণা ঝরে পড়ুক

সহজেই এঁকে ফেলে পাহাড় পর্বত নদী

বাস্তবে একটা পাহাড় একটা ঝড়না একটা পর্বত কিংবা নদী

হাজার হাজার যুগের কঠোর সাধনার ফল।

তুলির টানে একটা সুন্দর ভালোবাসার স্বপ্ন

ক্যানভাসে এক অপরূপা নারী

স্বপ্ন দেখা যায় প্রেমও করা যায় স্বপনে

বাস্তবে হাজার ভালোবাসার মৃত্যুতে জেগে ওঠে এক নারী।

তাকেই বলে প্রেম এক অকৃত্রিম ভালোলাগা ভালোবাসা

না আছে চাওয়া না আছে পাওয়ার কিছু

তুলির টানে ফুঁটে ওঠা ভালোবাসার স্বপ্ন পথ দেখায়

মোনালিসা,শুধু ছবি নয় জীবন্তও।

তুলির টানে এক সুন্দর স্বাধীনতার সকাল

অপেক্ষায় ঘুম ভেঙ্গে দেখি

স্বাধীনতার রংটা বড়ই সুন্দরঠি

রাতের স্বপ্নের মতো।

বাস্তবে রুক্ষ হৃদয় জমিনে রক্ত ঝরে

 ঘাম ঝরেসেই ঘাম রক্তের ওপর গড়ে ওঠে স্বাধীনতার ইমারত

অথচ শত চেষ্টা করেও তুলি আঁকতে পারে না

না পাওয়া স্বাধীনতার অব্যক্ত বেদনা।

স্বাধীনতার রংটা বড়ই সুন্দর

 ক্যানভাসে তুলির আঁচড়ে

শুধু ঘাম রক্তঝরা স্বাধীনতার সকাল

তুলির আঁচড়ে ফুঁটে ওঠে না।

অভুক্ত মানুষের কান্নার ছবি বেকারের যন্ত্রনা

তুলির আঁচড়ে ফুঁটে ওঠে কখনো কখনো

অথচ ভারত মাতার খুবলে খাওয়া শরীরটারকো

ছবি আঁকা হয়ে ওঠে না।

তুলির টানে একটা স্বাধীনতার ছবি আঁকা যায়

স্বাধীনতা পাওয়া যায় না

পঁচাত্তরেত্ত পরাধীনতার ছাঁপ পড়ে ক্যানভাসে

বাসী রুটির মতো।

অরূপ

এ স্বাধীনতা আমার নয়

অরূপ গুহ

তাংঃ১৪.০৮.২০২১

পচাঁত্তর বছরের স্বাধীনতা

তোমার স্বাধীনতা আমার স্বাধীনতা

পঁচাত্তর বছর পর দেখি

এ স্বাধীনতা আমার নয়।

আমার স্বাধীনতা শিশু শ্রমিকের স্বপ্নহারা বিকেল

আমার স্বাধীনতা হাতুরীর প্রতি ঘায়ে পাথরের টুকরোতে

আমার স্বাধীনতা বেকারের একটা করে স্বপ্নভাঙ্গার দিনগুলোতে

আমার স্বাধীনতা ফুটপাতে প্রসব যন্ত্রনায় কাতর অভাগিনী মায়ের যন্ত্রনাক্লিষ্ট মুখে।

আমার স্বাধীনতা ছবি আঁকে আকাশের গায়

পাথরের আঘাতে রক্তঝরা শ্রমিকের বেদনার

আমার স্বাধীনতা ছবি আঁকে বিবর্ণ সবুজ বিপ্লবের

কৃষকের শুকনো মুখ,আজো দেড় হাত কাপড়ে লজ্জা নিবারন।

আমার স্বাধীনতা ডুকরে কাঁদে গনতন্ত্রের কবরে

তোমাদের মিথ্যা আশ্বাস আর স্তুতিবাক্যে

আমার স্বাধীনতা তোমার দু টাকা কিলো রেশনের চালে

বিক্রি করেছে আমার স্বাধিকার।

সনদ পত্রগুলোর মুখে ব্যাঙ্গের হাসি

আধপেটা একবেলা আহার

আর তোমার রাজনীতির জাতাকলে

নষ্ট হচ্ছে জাতির ভবিষ্যত।

সংবাদমাধ্যম বিক্রি হয়ে গেছে

মায়ের স্তনে দুধ নেই আর

তবুও চোষে খোকার দল

স্বপ্নের গন কবরে তোমরা ফলাচ্ছো ফুল স্বাধীনতার।

আমার স্বাধীনতা ফুটপাতে হামাগুড়ি দেয়

আমার স্বাধীনতা রেড রোড ধরে ছুটে চলে

 আমার স্বাধীনতা কৃষকের ধরনায় বেড়ে ওঠা যুবা

আমার স্বাধীনতা নব যৌবনের প্রাত্যাখানে।

হয়তো আসবে এরাই আগামীদিনে উল্কার গতিতে

হাতে তুলে নেবে বন্দুক তোমাদের দিকে তাগ করে

পিছনে পড়ে মদের বোতল আর সময়ের হিসাব

তোমাদের দিকে তাগ করে নল,আঙুলে স্টিগার।

এ স্বাধীনতা আমার নয়,এ স্বাধীনতা তোমাদের

বিশাল বহুল জীবনের অন্তরালে,কতো অশ্রু রক্তমাখা

আমি ভারতমাতার খুবলে খাওয়া দেহটাকে ঘিরে
দাড়িয়ে,প্রতীক্ষায়

কবে আসবে ভারতমাতার বীর সন্তানেরা,যারা রাস্তায় বেড়ে
উঠছে।

আজকের স্বাধীনতা

অভিজিৎ ব্যানার্জী

মাত্রাবৃত্ত ছন্দ (৬+৬+৬+২)

২১/০৮/২০২১

আমি তো চাইনি স্বর্ণ-থালায়, মণি-মুক্তার দানা,

তবু বর্গীরা আঁধারেতে দেয়, আমার ঘরেতে হানা!

রক্তের দামে নিয়ে এলো যাঁরা, ভারতের স্বাধীনতা,

কোথায় নেতাজি!কোথায় ভক্ত! কোথায় তাঁদের কথা!

জাগে বিস্ময় প্রাণে লাগে ভয়, সংকোচ সারামনে,

নেতা-নেত্রীর ভয় নাই প্রাণে ,হিটলার সবজনে।

কোথা ক্ষুদিরাম ভাগত সিংহ ,কোথায় প্রাণের নেতা!

স্বাধীনতা পেয়ে হয়ে গেছে সব ,বিদেশি দ্রব্য ক্রেতা!

মায়ের অশ্রু মোছাতে যাঁদের, সাজা হলো কালাপানি,

তাঁরা হলো সব মূর্খের দল ,আজকের নেতা জ্ঞানী!!

রাজা খায় ভোজ ফলমূল রোজ, সাজা পায় দীনজনে

নকল ঝিনুক নকলমুক্তো ,ছড়ায় মানব মনে।

স্বাধীন ঘুরছে দাদা মস্তান ,স্বাধীন কালোবাজারি,

দয়ার সাগর বিদ্যাসাগর, মাথা ভেঙে দেয় তারই!

বেকার মরছে তিল তিল করে, নাকে দিয়ে সুড়সুড়ি,

নেতা মন্ত্রীর গাড়ি-বাড়ি হয় ,বেড়ে যায় তাঁর ভুঁড়ি!

চোর মন্ত্রীরা সাধু হয়ে যায়, যদি জেতে তাঁরা ভোটে,

মূর্খ জনতা ফুলমালা নিয়ে ,বরণ করতে ছোটে।

স্বাধীনতা তুমি অবুঝের মতো, মেনে নাও আবদার,

যাদের জন্য এই স্বাধীনতা ,তারা হয় ছারখার!

মিছিলে মিছিলে মোমবাতি জ্বলে, ধর্ষিতা কেউ নারী!

একই আয়তন লোহা ও তুলায়,তুলা লাগে বেশি ভারী!

স্বাধীনতা তুমি প্রদীপশিখায় ,পূজাতে, জ্বালাতে এসো।

বলাৎকারের সাজা দিয়ে তুমি, মানুষকে ভালোবেসো।

দাম্ভিকতার স্বাধীনতা এলো, স্বাধীনতা এলো কই?

এ যেন আজব সোনার মোড়কে ,সংবিধানের মই!

লড়তে আমি ধরবো মসি

রাফিয়া সুলতানা

21.08.21

লড়তে আমি ধরবো মসি করতে ন্যায়ের যুদ্ধজয়,

মরতে হলে মরবো আমি নেই পরোয়া নেইকো ভয়!

উড়ছে যত রক্তলোলুপ চিল শকুনি ঈগল বাজ,

হানবো কষে অসির আঘাত পাখনা কেটে টুটবো রাজ !

মুখের যত সুখের ভাষণ প্রতিশ্রুতির ছুটায় বাণ,

বেকুব যত আমজনতা বিদ্ধ হয়ে লুটায় প্রাণ!

ইয়া করেঙ্গা উয়া করেঙ্গা মুড়িয়ে দেবো সোনায় দেশ,

সিংহাসনে চড়লে শেষে মটকিয়ে ঘাড় করবো শেষ!

যাদের কাঁধে ভর করে সে উতরে যাবে নদীর খাদ,

তাদেরই ভাই টিকি ধরে করতে চাবে লিস্টে বাদ!

চক্ষে তখন পড়ি এঁটে চিনতে নারে কাউকে আর,

দেখায় ভীতি জীবন ইতির করতে সবার পগার পার!

হিঁচড়ে টেনে খুলবো মুখোশ ছিন্ন করে ছদ্মবাস,

দেখবো কেমন করতে পারে দেশ ও জাতির সর্বনাশ!

করবো সাবাড় ফন্দিফিকির বন্ধ করে কুটকচাল,

বাঙাল সব ছলচাতুরী, চক্রান্তের কীর্ণজাল !

দেবো এমন শিক্ষা তাকে বুঝবে ঠেলা কারে কয়,

বেরিয়ে যাবে মেকি কথায় করতে চাওয়া যুদ্ধ জয়!

নতুন নতুন আইন ঠুকে কথায় কথায় ফাইন পাশ,

নিত্য নব ফতোয়া জারি, জনমনে জাগায় ত্রাস !

বোদ্ধা নিজেয় ভাবে কতই বুদ্ধিহীন ঐ ভড়ংবাজ,

নানান প্রান্তে বিশ্বের সে ধারণ করে যোগীর সাজ!

ভণ্ড যত ধ্বজাধারীর ধর্ম নিয়ে রঙ খেলা-

পণ করে চাই দিতে সে যেই দেশে হোক যেই চেলা!

আদবে শয়তান

রাফিয়া সুলতানা

28.08 21

স্বদেশবাসী তোমার ভয়ে ছুটছে নিয়ে প্রাণ,

কেমন করে করবে তুমি জাতির তবে ত্রাণ?

এমন তোমার আইনকানুন নেইকো নারীর মান?

রাস্তাঘাটে নৃশংসতায় নিচ্ছো তাদের জান?

হচ্ছে সবাই আতঙ্কিত এমন তোমার ভান-

তোমার মত কেউ নেই এ বিশ্বে বলিয়ান!

দেখাও দেখি খুলে আমায় পবিত্র কোরআন

নারীশিক্ষার নেই অধিকার,কোন সে পরোয়ান?

না ঢাকলে মুখাবয়ব করবে অসম্মান-

বিনাদ্বিধায় নরসংহার কেমন সংবিধান?

নারী হলেন জাতির মাতা,কেমন সে নিদান,

করছো তাদের পদানত,অধীনতায় ম্লান?

আদর্শতার মূর্ত প্রতীক নেতৃ সে মহান,

মুহাম্মদের কোন নিদর্শন করতে চাও প্রমাণ?

শান্তির যে ধর্ম জানি ইসলামের বয়ান,

করছো তাতে কালিমালেপন বর্বর,বেইমান!

মূর্খ তুমি অশিক্ষিত নামেই তালিবান,

নেই প্রকৃত ধর্মজ্ঞান,নিতান্ত অজ্ঞান!

নেই কি তোমার আল্লাহকে ভয় এতই বলবান?

আদলেতে মানুষ তুমি আদবে শয়তান!

করোনায় দেশবাসী

আমেনা আক্তার আঁখি

তারিখ-২১/০৮/২০২১

বিশ্ব জুড়ে শুরু হয়েছে মহামারী করোনা,

ধনী-গরীব হিন্দু-মুসলিম কাউকেই ছাড়লোনা।

করোনা রোগটা যে বড়ই ভয়াবহ,

মানুষের জীবনকে করে তুলেছে দুর্বিষহ।

দিনমজুর মানুষদের কষ্টের সীমা নাই,

করতে পারেনা কাজ-পেটে ভাত নাই তাই।

বড় বাবুরা তো আছেন কতো আরাম আয়েশে,

বক্তব্য দিচ্ছেন ঘরে বসে ছেড়ে এ.সির বাতাসে।

সরকার নাকি দিচ্ছেন ত্রাণ বিলিয়ে,

তা তো শুধুই রয়েছে অনলাইনে ছড়িয়ে।

সব সামগ্রী লুট করে নেয় উচ্চ মহলে,

গরীব দুঃখীরা পড়ছে যে অন্যায়ের কবলে।

তারা করতে পারেনা কোন প্রতিবাদ,

করলেও শুনতে হয় নানান অপবাদ।

এই কঠিন দুঃসময়েও রাজনীতিবিদ গণ,

চালিয়ে যাচ্ছেন দুর্নীতি-করছেনা সৃষ্টিকর্তার কাছে সমর্পণ।

মোটা অংকের টাকা ইনকাম করছে গরীবের হক মেরে,

প্রতিবাদের আগুন জ্বালিয়ে তোলো এবার দিওনা তাদের ছেড়ে।শিক্ষাপ্রতিষ্ঠান বন্ধ আছে প্রায় দুবছর তো হবে!

শিক্ষার্থীদের মূর্খ বানানোর উপায় কি এসব তবে?

হাটবাজার মার্কেট সবই তো দেখি চলে,

শুধু করোনা স্কুল-কলেজে কর্তৃপক্ষরা সব বলে।

এবার সবাই জাগ্রত হও দেশবাসী জনতা,

সরকার আর ক্ষতি করতে পারবেনা আমাদের থাকলে একতা।

নৈশ ভোজের মেনুকার্ড

স্মরণ মজুমদার

২১/০৮/২১

হরিদাস,

সকালে তুমি কি কি খেয়ে বা না খেয়ে ব্রেকফাস্ট করেছো, সেটা বড় কথা নয়!

ওসব সাহেবী কেতা। স্যাণ্ডউইচ এর টেস্ট পান্তা ভাতে খুঁজতে যেও না যেন !

দুপুরে লাঞ্চ করতে বসে

কন্টিনেন্টাল বা ইন্টারন্যাশনাল কিছু ছিল না , সে তো সবাই জানি।

মোটা চালের ভাত আর এক বাটি ডাল ছিল তো?

যাকগে, না থাকলে ও সেটা তেমন বড় কথা নয়!

আচ্ছা, তোমার আবার সন্ধ্যেবেলা পোষ্য মাংসাশী গোল্ডেন রিট্রিভার এর সঙ্গে হাওয়া খেতে বেড়োলে খিদে পায় নাকি?

দেখো বাপু, এইসব আজগুবি শখ ছাড়ো।

নেড়ি কুত্তার মতো যা পাও খেয়ে নাও!

হাড়ের সঙ্গে দু'এক টুকরো উচ্ছিষ্ট মাংস কি থাকে না কখনো?

মিথ্যে বলো না।

বাবুদের ডাস্টবিন গুলো পরিস্কার করাটাই বড় কথা!!

হরিদাস, নৈশভোজের মেনুকার্ড দেখেছো?

আরে আরে ! তোমার নয় , বাবুদের!!

প্রথমে হট অ্যাণ্ড সাওয়ার চিকেন স্যুপ

রোস্টেড স্টার্টার , মাল্টিকুইজিন এর মাল্টিন্যাশনাল মেইন কোর্স!

আচ্ছা, এই দেখো, এই যে নিচে ডেসার্ট এর লিস্ট!

হট চকলেট এর সঙ্গে আইসক্রীম - বাপের জন্মে শুনেছো?

আচ্ছা হরিদাস, তুমি তো কুড়ি টাকার বাংলা পাউচের খদ্দের!

কখনো নাম শুনেছো - অফিসার্স চয়েস , টিচার্স, অ্যাবসলিউট, হাণ্ড্রেড পাইপারস কিংবা জনি ওয়াকারের? কিংবা ধরো - এই যে তোমার নামে মিল রেখে বানানো সুদৃশ্য বোতলে ব্ল্যাক ডগ?

মেনুকার্ড কি জিনিস, না বোঝা তোমার মুখ দেখেই বুঝেছি -
এসবের সঙ্গে তোমার যোগাযোগ নেই। সেটা বড় কথা নয়!

শুধু

রেড ওয়াইনের গ্লাসের দিকে তোমার জুলুজুলু চোখে তাকানো
দেখেই বুঝেছি - তুমি আসলে নিজের রক্ত খেয়ে বাঁচো!

বাবুদের চোখকে ফাঁকি দেয়া তোমার কম্মো নয়!

মানুষডা ভালা না

স্মরণ মজুমদার

তারিখ: ২১/০৮/২১

এখন মাঝে মাঝে মনে হয় - কেউ একজন সর্বশক্তিমান থাকা ভালো!

পাপ পুণ্য, চিত্রগুপ্ত , যমরাজ, পুলসিরাত, স্বর্গ নরক - এসব ও থাকা

ভালো!

অন্ততঃ কোথাও একটা হি সেবের খাতা থাকা দরকার খুব।

থাকলে ভালো হতো।

একটা অদৃশ্য সিসিটিভি ক্যামেরা থাকা উচিত স্যাটেলাইটের যুগে।

সব সম্পর্ক, এমনকি সম্পর্কহীন পাপ পুণ্যের ও ফুটেজ থাকা খুব দরকার।

*****

"মানুষ ডা ভালা না" - শরীরে কোথায় কি কষ্ট বলতে গিয়ে,
আজ এই কথাটিই বলে গেছে একজন রোগী।

এবার এই অদ্ভুত 'ভালা না মানুষ ডা' কে খুঁজতে গিয়ে যখন
আপনি আবিষ্কার করবেন - এক রোগী কে, বয়স যার পেরিয়ে
গেছে সাঁইত্রিশ;

হাতে কাঁচা হলুদের চিরস্থায়ী রং;

নিতান্তই সাদামাটা ঘরকন্নার কালি ঝুল জমে আছে মেছতার
দাগ হয়ে

যার সারা পিঠে পেটে আরো অসংখ্য কালশিটে দাগ;

যার মাথায় কাটা জায়গায় তিন বার সেলাই করতে হয়েছে;

যাকে, কোথাও মাথা গোঁজার ঠাঁই নেই বলে ফিরতে হবে ঘরে;

যাকে ফিরে গিয়ে দেখতে হবে পাঁচ পাঁচটা সন্তানের মুখ;

সস্নেহে চুমু খেতে হবে অবাধ্য সন্তানদের কপালে;

উনুনে চাপাতে হবে ভাতের হাঁড়ি;

তারপর একপেট ভাতের বিনিময়ে প্রতি রাতে মেটাতে হবে
যৌন চাহিদা,

না পারলেই বরাদ্দ শারীরিক অত্যাচার, কালশিটে দাগ, কাটা র
উপর সেলাই, মাথার মধ্যে জমে থাকা তাজা রক্ত;

না চাইলেই যার "মানুষ ডা" চলে যাবে অন্য ঘরে;

পরদিন নিজেকে লুকিয়ে ফেলতে হবে কাপড়ের নিচে;

যখন সেই রোগী হয়ে উঠবে বিশ্বজনীন,

যখন প্রথা মতে নাম মুখে আনা বারণ বলে সেই রোগী বলে ফেলবে - "মানুষ ডা ভালা না",

তখন আপনাকে বুঝে নিতে হবে - সেই রোগী আসলে একজন নারী!

বুঝে নিতে হবে - " মানুষ ডা ভালা না" বটে , তবে মানুষ ডা পুরুষ!

বুঝতে হবে - এই নারী কখনো মানুষ ছিল না!

ফের "মানুষ ডা" কে রক্তাক্ত শীৎকার আর যৌনসঙ্গমসুখ উপহার দিতে হবে জেনে ও যে নারী নির্দ্বিধায় বলে গেল

-

"মানুষ ডা ভালা না, অমানুষ",

যে পুরুষ তাঁর সামান্যতম অংশ ও কোনদিন দেখতে পেল না,

যে নারী অন্ধকার ছাড়া কখনোই 'মানুষ ডা' কে চিনতে পারে না,

যে পুরুষ শাসনের নামে তাঁকে বন্দী করেছে পৃথিবীর সব ঘরে, কারাগারে,

যে সব নারীর কাছে অবশিষ্ট শরীর আছে এখনো,

যে সব পুরুষ নারীকে জয় করেছে সম্পদ ভেবে,

সেইসব নারী ও পুরুষের জন্য অন্ততঃ কোন অলৌকিক শক্তি থাকা ভালো।

পাপ পুণ্য চিত্রগুপ্ত যমরাজ স্বর্গ নরক এবং

একটি হিসেবের খাতা থাকা ভালো।

*****

প্রতিটি দিন রাতের একটি হিসেবের খাতা থাকা দরকার।

প্রতিদিন একটি একটি করে হিসেব

নিকেশ করা দরকার।

এখনো তেমন কিছু কোথাও নেই বলেই,

সব নারী রাত শেষের হিসেব সকাল বেলা মিলিয়ে নেয় না বলেই,

পুরুষ "মানুষ ডা ভালা না" হয়েও একসময় শাসক হয়ে যায়, ধার্মিক হয়ে যায়!

উপাসনালয় ভেদে এসব পুরুষের হরেক নাম হয় বটে !!

বদল

প্রসেন দাস

তারিখ: 22/08/2021

মানুষ আজ চিন্তিত পৃথিবীর ধ্বংস নিয়ে,

আর পৃথিবী ক্রমশ চিন্তিত মানুষদের নিয়ে!

মানুষ জানে পৃথিবীর আয়ু শেষ পর্যায়,

পৃথিবী জানে মানুষ হতে আর নেই রেহায়!

মানুষ বসতি বাড়ায়,কাটে ক্রমাগত জঙ্গলে,

মানুষ পরিকল্পনা করে বসত বসাবে মঙ্গলে!

পৃথিবী বারবার আঘাতে আঘাতে হয় ক্ষতো,

পৃথিবী নিরুপায়,জীবজগৎ বিলুপ্তি হয় ততো!

পৃথিবী জানে এককালে ছিল মঙ্গলে বনভূমি,

কিন্তু ক্রমশ সে যে হারিয়েছে উর্বর সব জমি!

পৃথিবী তার কোলে করেছে সৃষ্টি যে সুন্দর জগৎ

মানব তান্ডবে দেখতে পাচ্ছে তার রুগ্ন ভবিষ্যৎ!

মানুষ একনায়কতন্ত্র,সর্বত্র করেছে বিরাজ,

মানুষ ভেঙেছে-কেটেছে,দখল নিয়েছে সমাজ!

পৃথিবী এনেছে সুনামি,ভূমিকম্প,অগ্নুৎপাত

কিন্তু ক্ষমাপ্রার্থী সে,কমেনি মানব উৎপাত!

মানুষ নামক মস্ত দানবকে করতে হবে উৎখাত,

যেমন করে ডাইনো হারিল,ঘটেছিল উল্কাপাত!

তাই পৃথিবী করেছে ছলোনা,ভাইরাস মহামারী;

এতে যদি দমে মানুষ-'মানব নামক অত্যাচারী'!

পৃথিবী পেয়েছে সুফল,আদি জীব জীবনের,

মানুষ আজ নিরুপায়,গৃহবন্দী দিন-যাপনের!

পিচঢালা রাস্তায় উঠেছে জীবনের কচি পাতা;

পৃথিবী যে বদলে দিয়েছে মানুষের চলার রাস্তা!

নীল শেয়ালের দেশে

শাম্ব

২৮ শে জুলাই, ২০১৯

গণতন্ত্র প্রতি পাঁচ বছর

লম্বা লম্বা লাইন দিয়ে

এক একটা নতুন শেয়াল ধরে আনে।

তারপর তাকে দিয়ে নানা রকম

শপথ-টপথ করিয়ে নিয়ে

সেই ছোটবেলায় পড়া গল্পের মতো

ধোপার নীলের গামলায় ফেলে দেয়।

বাঘ সিংহীদের সরিয়ে দিয়ে

তার সেই অপার্থিব নীল কোটিংয়ের জোরে সে

হয় নতুন রাজা।

আর গাছ পালার আড়াল থেকে

বিরোধী কাদা জল ছুঁড়ে ছুঁড়ে

বলেন অন্যান্য পশুপাখিদের কাছে

ফাঁস করে দিতে চায় শেয়ালটার

আসল রং -

যাতে পরেরবার নীলের গামলায় ওরা

ওদের দলের একটা শেয়াল পাঠাতে পারে।

তোমার জন্য

শাম্ব

২৭শে জুন ২০২১

হয়তো কয়েকটা লাইন

আমার অন্ধকারের বিষ যন্ত্রণা থেকে

উৎপাদিত -

তোমার ঠোঁটের স্পর্শে হয়

অমৃত।

কে তুমি?

গলায় ধারণ করে রাখো আমার

হলাহল।

বাসুকির মত

দৈত্য আর দেবতাদের হাতে

সমান লাঞ্ছিত -

ব্যর্থ প্রেমেদের নাগপাশ থেকে

উঠে আসা-

ফস্কা গেরো সব

পংক্তির ভালোবাসা।

আমার ইঁদারার জলে

তোমার আনত মুখ-

তুলে নেয় খোলা ভাঙা

রিক্ত ঝিনুক।

আজকাল কি হয়েছে আমার-

প্রতিটা কবিতার ধ্যান ভেঙে

দেখতে পাই

শুধুই তোমায়-

ক্ষুধার অন্ন হাতে

সুজাতা দাঁড়িয়ে আছে

আমার নির্বাণের

প্রতীক্ষায়।

একটা কবিতা সুনন্দার জন্য

সুপর্ণা বসু দে

পাপটা যত্ন করে, বীজের মতন   পোঁতা।

গভীরে ,মনের অতল অন্ধকারে ।

উপরে মখমলের আবরণ।

স্ফটিকের মতো স্বচ্ছ, উজ্জ্বল হাসি।

শরীর মুড়ে মোহময় পুরুষ ।

এলিট আচরণ

মানিব্যাগে ডেবিট কার্ড, ক্রেডিট কার্ডের ছড়াছড়ি।

চারধারে মৌমাছির মতো নারী।

কে আগে প্রাণ করিবেক দান -রবীন্দ্রনাথ এখনো সমান দামি,
 মূল্যহীন শুধু নারী ।

পাপটা ফুটে উঠেছিল ধীরে ধীরে, তারায় তারায় ।

চিকচিক করছিল চোখটা, লকলকে জিভে

শুধু নোনতা স্বাদ ।নাকি জীবনের আস্বাদ ।

সময়ের সাথে সাথে সুন্দরী বিস্বাদ।

হোটেলের বিছানায় সুন্দরী বড় অভিমানী , মৃতা।

শরীরে বেদনার নীল চিহ্ন

আজ অহংকার ছিন্নভিন্ন ।

চৌকো কাগজগুলো এ জগতে ভীষণ দামি।

তার ক্ষমতায় সাতখুন মাফ।

হত্যার দলিল-দস্তাবেজ ধুয়েমুছে   সাফ ।

খুন নয়,নিছক মৃত্যু

এই ছিল, এই নেই।

সত্য - দুর্বল, মরণাপন্ন ,রোগাক্রান্ত

শুধু পাপ ঘন থেকে ঘনীভূত হয়।

        জীবনে ঘূর্ণি বয়।

আমার প্রতিবাদের ভাষা

প্রতিমা চ্যাটার্জী

তারিখ - ২৫/০৮/২০২১

পৃথিবী এখনো হয় নি শান্ত

মারণ রোগে মানুষ আজ দিশেহারা

আমার শহর আবারো প্রাণ চঞ্চল কবে হবে?

লকডাউনে, মানুষ বিপর্যস্ত,

চাকরি নেই, পড়াশোনা নেই

স্কুল কলেজ বন্ধ

গরীব মানুষের পেটে ভাত নেই,

ক্ষিদে আছে ষোলোআনা

মানুষ আজ দিশেহারা

হাসপাতাল ভর্তির জায়গা নেই

স্বাস্থ্যমন্ত্রী তবুও চুপ

শুধু আছে কিছু মানুষের

পকেট ভরার কৌশল

রামের মন্দিরের জন্য টাকার পাহাড়

শুধু নেই কৃষকের অধিকার

ভ্রূন হত্যা পাপ....

আর হত্যা??

কিশোরী মনের সযত্নে লালিত স্বপ্ন,

নদীর স্রোত, ঝর্ণার উদ্দাম জলের ধারা,

সব কি শেষ হয়ে যায়,

কিছু নরপিশাচ এর নির্মম অত্যাচারে.....

ধর্ষিতা হতে হয় মেয়েদের,

মন্দিরে মৃন্ময়ী মূর্তির পূজা ষোরশ প্রচারে,

কতো না উপকরণ ....

আর পথে, শুধুই অবহেলিত?

কে দেবে, এর উত্তর??

কাঠের পুতুল তাই ভেঙ্গে যায়,

বারংবার,....

কেউ দেখে না, বোঝে না,

আমায় একটু সুযোগ দেবে তো বাবা?

স্মরজিৎ দত্ত

তারিখ:- ২৫/০৮/২০২১

বেশ ক'মাস আগে পেপারে একটা বিজ্ঞপ্তি বেরিয়েছিল।

শিক্ষক শিক্ষিকা আর শিক্ষা কর্মী নিয়োগ হবে একটি প্রাইভেট স্কুলে।

অনেক ছেলে-মেয়ে তাতে দিয়েছিল পরীক্ষা।

আজ, আজ তাদের ফলাফল।

বাইরে সমাগম অনেক অনেক অভিভাবকের।

কেউবা পিতা-মাতা, কেউবা আবার তাদের প্রিয়জন।

আজ ফলাফল ঘোষণা হয়েছে স্কুলে।

একে একে বেরিয়ে আসছে পরীক্ষার্থীর কেউ কেউ।

বেরিয়ে আসা পরীক্ষার্থীদের একজন হঠাৎ বাইরে বেরিয়ে এসে তার বৃদ্ধ বাবাকে জড়িয়ে ধরে চুম্বন করে বারবার;

আর আর অঝোরে সে কাঁদে।

স্বভাবতই কৌতূহল প্রিয় মানুষ এগিয়ে আসে , কারণ অনুসন্ধানে।

উত্তীর্ণ পরীক্ষার্থী, সে তার বৃদ্ধ বাবাকে মাথায় হাত বুলিয়ে

বারবার বলে,তুমি অবসর নেবার পর থেকে-

সঞ্চিত অর্থ তুলে তিল তিল করে মানুষ করেছিলে আমাকে।

অনেক সময়ে তোমার ঔষধ এর খরচে পর্যন্ত পড়েছে টান;

আর বাবা সেই কষ্ট হবে না গো।

আমি, আমি আরালে আবডালে কেঁদেছি কতো

কবে পাবো একটি চাকরি?

আর সেদিন হবে আমার শান্তি।

তোমার সঞ্চিত পয়সা আর হবেনা শেষ।

দেখো মায়ের গলার দিকে তাকিয়ে;

তার শেষ সম্বলটুকু বিয়ের হার তাও বিক্রি হয়েছিল আমার পড়ার জন্য। আমি চাকরি পেয়েছি বাবা।

এবার আমার গরিয়ে দেবার পালা।

আমি, আমি সব করে দেবো বাবা।

তোমরা আমায় আবার বিয়ে দেবার জন্য উঠেপড়ে লাগবে না তো?আবার আবার তো পনের বোঝা চাপবে তোমার ঘাড়ে।

আমাকে একটু সুযোগ দেবে তো বাবা?

আমি তোমার মেয়ে, আজ আমিই তোমার পিতা , তোমার অবসরের লাঠি।

আমায় একটু সুযোগ দিও বাবা।

আমি সর্বকিছু করে দিতে যেন পারি ।

ডাক

মোঃ গোলাম মোস্তফা

তারিখ : ২৫/০৮/২০২১

 শোনো- যত কুলি মজুর অসহায় গরীব

স্বর্গ থেকে বিধাতা গড়ে দেন না নসিব ।

ভাগ্য হল কর্মফল এই ধরণীর পরে,

যারা কর্মবিমুখ অলস দুর্ভাগ্যে তারাই মরে ।

অধিকার কেউ কাউকে দেয় না, আদায় করতে হয়;

এ কথা সকল জ্ঞানীগুণী সুধীজনে কয়।

 ।নির্বাক নিষ্প্রাণ নির্জীব তারাই হল জড়,

এ কথা না মানলে তবে অকালেতেই মরো ।

জলে না নামলে যেমন শেখা যায় না সাঁতার

,তেমন পুরুষ না হলে হওয়া যায় না নারীর বর

।যদি বন্যজন্তু হিংস্র প্রাণী হতে বাঁচতে চাও

,তবে শক্ত করে একটা ঘর বানিয়ে নাও ।

মানুষরূপী কিছু অমানুষ নিজেদের স্বার্থের তরে,

অসহায় গরিবের উপর কৌশলে অত্যাচার করে।

গরিবের সরলতাকে তারা পুঁজি করে,

ব্যবহার করছে নিজেদের স্বার্থসিদ্ধির তরে।

অন্যায় অবিচার জুলুম নির্যাতন মুখ বুঁজে সইও না,

মাথা উঁচু করে দাঁড়াও নিয়ে বাঁচার প্রেরণা

ব্যাঙের মতো গর্তে থেকে মরার আগে মরো না,

আলো বাতাসে বেরিয়ে এসে পৃথিবীটা দেখ না।

ওরা জোঁক- শোষক হাতে গোনা ক'জন,

সর্বসাধারণে সদা জিইয়ে রাখতে চায় বিভাজন।

ওদের কু-মন্ত্রণায় পড়ে নিজেদের ধ্বংস করো না,

হাতে হাত রেখে একসাথে সিংহের মত গর্জে ওঠা না।

দেশে দেশে কালে কালে জনতার শক্তি কি দেখ না ?

দেখো নি কি অধিকার কেউ কাউকে হাতে তুলে দে য় না?

তবু কেন ইতিহাস থেকে শিক্ষা তোমরা নাও না?

একসাথে গর্জে ওঠা ওরা পালানোর পথ পাবে না।

ঘৃণা

মোঃ গোলাম মোস্তফা

৩০/০৮/২০২১

তোমরা ভোটের পরে ফস্ করো না,

গরিবদের তোমরা স্মৃতিতে রাখো না,

আসলে তোমরা হরিণরুপি হিংস্র হায়েনা।

স্বার্থের তরে জ্বালাও ধূপ,

সুযোগে খোড়ো মৃত্যু কূপ,

সাধারণে জানে না তোমাদের কত রকম রূপ।

তোমরা মুখে ধরো শুকনো রুটি,

বুকে মারো বুটের লাথি,

ক্ষুধা-তৃষ্ণায় ফাটে অভুক্ত বুকের ছাতি!

তোমরা দিনের আলোয় মহামানব,

আবার- রাতের আঁধারে হিংস্র দানব,

নানা কৌশলে মেটাও তোমরা মনের আকদ ।

তোমরা মনুষ্যত্ব মানবতার অভিশাপ-শত্রু,

ঘটাও যত অঘটন আবার চোখেতে অশ্রু,

ধিক শত ধিক তোমাদের মুখে দিলাম ঘৃণার থু !

তোমাদের মানুষের ঔরসে জন্ম কি'না সন্দেহ জাগে

অপরিসীম কষ্ট পাও সামান্যতম ত্যাগে

অসহায়ের রক্তে মজে থাকো উল্লাস আর ভোগে !

নুন ছিটিয়ে দাও তোমরা নেমকের খোটা

জানি না, খুদ ছড়ালে কেমন হতো অহংকার এর বোটা

কেন তোমরা ছোটলোকদের ছেড়ে দাও না হাটা ?

জানি, ফকিন্নিদের ছেড়ে তোমরা যেতে পারবে না

এদের ছাড়লে কপালে ভোগের রসদ জুটবে না

আকাম কু-কাম ঢেকে রাখার হাতিয়ার পাবে না ।

স্বাধীনতা শুধুই পতাকার উড্ডয়নে

দেবাশিস বসু

২৮/০৮/২০২১

ভোর ভোর বিউগলের শব্দে

বিগ ড্রাম বেজে ওঠে দুন্দুভি নিনাদে

পতাকা ওড়ে স্কুল কলেজ রাজভবনে

মার্চ পাস্ট উদ্ধত শির সেনানীর গর্বিত চরণে

লালকেল্লার মস্তকে ওড়ে আকাশজোড়া পতাকা

দূরদর্শন জুড়ে থাকে প্রতিশ্রুতির অলীক ধামাকা

এই কি স্বাধীনতা- চুয়াত্তরটা বছর পরে

এখনো কাপুরুষ চিত্ত-অবনত শিরে

শিক্ষাহীন জ্ঞানহীন শত বিভক্ত জাতিগোষ্ঠী

মুষ্টিমেয় ব   ্যক্তির পদতলে নিষ্পেষিত এক সমষ্টি

সীমাহীন দারিদ্রের কৃষ্ণগহ্বরে গরীবের কান্না বিস্ফোরণে

'এক মুঠো ভাত' জীবনের ধূসর ইতিহাস একটি বাক্যবন্ধে

শীর্ণ বুক পিঠ পাঁজর কৃষক মুক্তি খোঁজে ফলিডলে

ঋণগ্রস্ত কৃষকবধূ জোতদারের লোলুপ কবলে

কন্যাভ্রূণের ছিন্নভিন্ন শরীর

করাতের শানিত দাঁতে-দগ্ধ আগুনের চিতায়

হাত পা ছোঁড়া আর্তনাদে

জীবন্ত কবর চার ফুট মাটির তলায়

বুভুক্ষু শৃগালের আহার-হায়নার কাড়াকাড়ি

গঙ্গা জলে ভেসে যায় সদ্যোজাতের সারি

কাপড়ের পুঁটুলিতে নিজস্ব বিষ্ঠায় শ্বাসরুদ্ধ ভবিষ্যতহীন নারী

ভাঙা বোতল লোহার রডে কুমারী যোনীর বলাৎকার

ছিন্ন অন্তর্বাসে লেগে থাকে গরলের ধূসর শীৎকার

শরীরে অজস্র হায়নার নখের উপস্থিতি

নিতম্ব ঊরুদেশ নাভিমূল জুড়ে আলপনার স্মৃতি

এখনো নারীর সৌন্দর্য পুরুষের প্রয়োজনে

সৌন্দর্য সহবাস আর সতীচ্ছদের সন্ধানে

নারীকে খোঁজে যৌতুক আর সঙ্গমে-

খোঁজে পুত্রলাভে বংশের নামাঙ্কনে

এখনো দাঁড়ায় মাতৃমূর্তি আলোকস্তম্ভের অন্ধকারে সার

দিয়ে বিদ্যাসাগরের   কর্তিত মস্তক কবন্ধ কণিষ্ক যেন
মহাবিদ্যালয়ে

যখন কংক্রিটের জংগলে গাছেদের যথেচ্ছ হনন

বিরলকেশ শিশুর কোঁচকানো চামড়ায় আর্সেনিক দহন

সমুদ্রে তেলের চাদরে কারখানার হলুদ প্রস্রাবে সীসার কণায়

শৈবাল মারা গেছে পর্বতগাত্রে

-হিমবাহে জলধারা শুকায়

সাগরের বাদামী তলদেশ সহস্র প্রাণীর সমাধিস্তূপে

-প্রবালেরা দিন গোনে মৃত্যুর প্রতীক্ষায়

বন্ধ কল বন্ধ কারখানা বন্ধ নির্মাণ

বকেয়া মাইনে-বন্ধ অর্থের জোগান

অর্থহীন কর্মহীন নিরন্ন দশ কোটি সন্তান

 পথই সাথী পথেই জীবন

পথের বাঁকে বাঁকেই লুকিয়ে আছে সহস্র মরণ

রেলপথেই শায়িত ইস্পাত কারখানার পরিযায়ী ষোলো

মালগাড়ীর চাকায় তাদের দুঃস্বপ্নের ইতিহাস লেখা হোল

ট্রাক উল্টে মারা যায় কত পরিযায়ী

পথেই স্মৃতি ফুটফুটে কিশোরী

-কেউ না কেউ তো দায়ী

কৃত্রিম পা হিঁচড়ে চলে ক্লান্ত কিশোরী

পায়ের ফোস্কা ফেটে দগদগে ঘা-দুঃস্বপ্নের বিভাবরী

এক মুঠো খাদ্য এক চুমুক জল দেয় না সভ্য নগরী

বৃদ্ধমানুষটার মুখ থেকে খুলে ভেন্টিলেটার

তরুণের মুখে লাগানো-'যোগ্যতমের বেঁচে থাকা দরকার

' অনেক দিন বেঁচেছো-দেখেছো অনেক গ্রীষ্মের দাবদাহ

উৎপাদনে অক্ষম, অকর্মণ্য তুমি-বিদায় পিতামহ

এখনো কেন কমহীন যৌবন আত্মহত্যা করেমে

নীরব,বিজয় দেশ লুটে পালায় দেশান্তরে

আয়কর ছাড় পায় ঋণখেলাপী

হেলিপ্যাডে জোড়া বিশাল প্রাসাদের নীচেই নিরন্ন ধারাভি

বৃদ্ধ যষ্টিকে শুধোয় "আর কত কমবে সুদের হার-

কেন জমার সুদ কমিয়ে কর্পোরেট ছাড়"

এখনো কেন খাপ পঞ্চায়েত-কাঙারু আদালতে মৃত্যুর শমন

কেন দাউদাউ আগুনে সতীত্বের মিথ্যে বাহন

এখনো পুড়ে কাঠকয়লা হয় যুবতী তন মন

উল্কি দিয়ে শরীরে দেগে দিয়েছে ধর্মের তকমাম

সন্তানদল-মহোৎসবে এখনো উচ্চবর্ণের উপমা

এই মিথ্যে স্বাধীনতার আগুনে আমি লেলিহান

-চুয়াত্তরটা বছর ধরে কেঁদেছে সংবিধান-ব্যর্থতায় মুহ্যমান

এমনই জ্বলতে জ্বলতে হয়তো জন্ম নেবে কোন সবুজ গ্রহ

শিলাযুত ঝরে পড়বে- অঙ্কুরিত হবে এক বীজ হরিদ্রাভ

সেই স্বাধীন ভারতবর্ষে মুক্ত মানুষের সান্নিধ্যে

বিউগলের শব্দে বিগ ড্রামের দুন্দুভি নিনাদে

থাকবো তুমি আমি ও

সেবাতিস্তম্ভ থেকে ঝোলা পতাকার নিষ্পাপ নির্যাসে।

নীলবিষ

সঙ্গীতা মজুমদার

তারিখ - ২৮/০৮/২০২১

শতশত আঘাত-চোট সহ্য করে চিত্তে বিরাট ক্ষত,

ক্ষতবিক্ষত নারী তবু ছুটে চলে সংসারের মাঝে অবিরত,

প্রতিনিয়ত যুদ্ধ চলে তার জীবনযাত্রার সাথে,

তার মনের খোঁজ রাখেনি কেউ যুগের গহীনে হারিয়ে গেছে
কোন অচীন পথে।।

অজানা পথে কখনো ছোবল মারে নিয়তি তার হতভাগ্য ললাটে,

অগনিত বার দেখেছি নিস্পাপ প্রেমের পুষ্পিত ঘ্রাণ নীল বিষে
জর্জরিত যন্ত্রণার তল্লাটে,

হৃদয়ের খাঁজে খাঁজে ছড়িয়ে আছে ব্যথা অফুরন্ত,সূর্যের
কোমল ভোরের আলোয় তবুও স্বপ্ন আঁকে মনে মনে অন্তত।।

আমি নারী একথা যেমন সত্য নারীর পরে ঝর-ঝাপটা দেখি
নিজো চোখে এটাও ধ্রুব সত্য,

তেমনি সত্য আমার নারীর অনুভূতি, আঘাত উপলব্ধি করে
আমার নারীসত্তা,

যুগ যুগ ধরে ছিল মাপা প্রত্যাশা নারী কেমন হবে পুরুষতান্ত্রিক
সমাজে

পুরুষ ই শিখিয়ে দিতে চায় নারীর অধিকারের শব্দ

উচ্চারণের মাত্রা তারই মগজে...।

 আমার মাতৃত্ব, আমার বঞ্চনা, আমার আপসের দহনই আমার
রাগ আমার প্রতীবাদের ভাষা

উচ্চারণের উৎস হিসেবে নারীর নারীর পূর্ণির্মান হোক
অভিধানে, মানুষের সংস্কার আর মনস্তত্ত্বে হোক চেতনার
উষা..........

আপনরা সব 'জানেন

আল মাহদী

(২৯/০৮/২১ খ্রি.)

কিছু মানুষ, তার মনুষ্যত্ব ভুলেছে,

পশুত্বের চাদর মুড়েছে গায়ে!

সমাজে তারা শ্রেষ্ঠ মানব!

আড়ালে হিংস্র সাজে।

আমারা ভাবি; এরাই মানব!

কথায় মুক্তা ঝরে।

আড়ালে দেখিয়– দেখবে দানব!

খাচ্ছে মানুষ বসে!!

সবাই তাদের না চিনিলেও

আপন রা সব' জানে–

এদের বক্ষে কৃষ্ণসর্প!

এরাই মানুষ মারে।

যুক্তি তাদের পাহাড় সম!

'মুক্ত ভাবনা' নেই!

আজ হাসালে, কালই কাঁদাবে।

ঘুরেফিরে যেই সে-ই!

এরা ভালো হবে না,

ভালো হবে না,

যদি - লাঠিপেটা না দেই!

এদের মাথায় তেলাপোকা থাকে

মগজ বলতে নেই!

নিয়ত যদি শুদ্ধ থাকে–তুই!

!চাদর ছাড়িস আজই,

মানুষের মতো মানুষ হবি,

ইহাই কামনা করি!

তার চেয়ে নির্বাসন ভালো

জয়দেব মণ্ডল

৩০/০৮/২০২১

ব্রাহ্মমুহূর্ত, যখন রাতপাখিরা নীড়ে ফিরছে,

যখন পূর্বাকাশে সোনালী সূর্যটা

সবে ডানা মেলেছে,

যখন সমগ্র জনপদ ক্লান্তির ঘাসঘুমে,

যখন সমগ্র জনপদ ভিখারি জীবনের আত্মসুখে বিভোর,9

যখন সমগ্র জনপদ আত্মসচেতনতার মূল উপড়ে

গড্ডালিকাপ্রবাহে

ঠিক তখনই একটি কবিতার মৃত্যু হল।

অপরাধ -

স্বেচ্ছাচারীতার ইতিকথা সারা গায়ে মেখে

গান হয়ে উড়তে চেষ্টা করেছিল।

অপরাধ -স্বাধীনতার গূঢ় অর্থ জনসমক্ষে

তুলে ধরার চেষ্টা করেছিল।

অতএব রাজরোষ, চরম শাস্তি।

কবির চোখের সামনে তার কবিতার মৃত্যু হলে

কবির চোখের সামনে তার মুক্ত চিন্তাধারার মৃত্যু হলে

 কবির কবিজীবন অর্থহীন

তখন বেঁচে থাকা অত্যন্ত দুরূহ হয়ে পড়ে,

তার উপর কবি যদি আবার

উপহাসের পাত্র হয়ে যায়।

তার উপর শাসকের তরবারি চোখ

ছিঁড়েখুঁড়ে খায় কবির আপাদমস্তক।

 তার উপর তাদের উষ্ণ অহংকার

 যখন উঠে যায় সেনসেক্সের সর্বোচ্চ শিখরে।

অতএব কবি এখন অনড়,

হা হুতাস করা বাতাস

তাকে ঘিরে ধরেছে চতুর্দিক থেকে,

ইতিহাসে লিপিবদ্ধ স্বাধীনতার পাতাগুলো

 তুলসীপাতার মত চেপে বসেছে

 কবির চোখের ওপর।

হায় ভবিষৎ প্রজন্ম!

তোদের পথ কোন দিকে যাবে?

স্বাধীনতার স্বচ্ছতা নিয়ে প্রশ্ন ওঠা

আর কবির মৃত্যু,

তার মানে এখন দিকে দিকে চরম অবক্ষয়, অরাজকতা।

তার মানে বেড়ে গেছে রক্তবীজের ঝাড়।

অতএব ভূ- লুষ্ঠিত হতেই হবে মা- বোনের ইজ্জত,

লাঞ্ছনার দগদগে ঘা পীড়া দেবেই দাদা-ভাইকে,

 কান্নার রোল উঠবেই ঘরে ঘরে।

রাস্তাজুড়ে চলবে মধ্যযুগিও বর্বরতা।

 খাঁচায় বন্দী ময়না কিম্বা টিয়ার মত,

রাজছত্র মাথায়, মেরুদণ্ডহীন

 সমাজের দায়বদ্ধতা এড়িয়ে

বছরভর হিজিবিজি লিখে কি হবে?

কি হবে গড্ডালিকা প্রবাহে গা ভাসিয়ে?

কবির কলম যদি সত্য অনুসন্ধানে সচেষ্ট না হয়,

কবির কলম যদি অন্যায়ের বিরুদ্ধে গর্জেই না ওঠে,

তরবারির ধার যদি নাই ভাঙতে পারে কবির কলম,

তবে কীসের কবিত্ব!

তার চেয়ে নির্বাসন নেওয়া অনেক ভালো।

প্রতিবাদ

নির্মলেন্দু মাইতি

তাং:-৩০/০৮/২০২১

হও সবে আগুয়ান যে যেথা আছ ওহে জনগন

যারা কেড়ে নেয় তোমার আমার ধন হয়ে আপন জন,

যারা নিজের স্বার্থে লুট করে নেয় গোপনে সম্পদ

 যারা নির্মমতায় রাহাজানি করে বাড়ায় বিপদ;

তাদের ভয়ে কাটাই দিবা নিশি হয়ে ঘরছাড়া

এসো হে ফিরে হিম্মত রাখ প্রতিবাদে দাও সাড়া,

নারী শিশু অবলা বলে ঘরতে থেকোনা বন্দী

জেনে রাখো অবলা বলে কখোনা করোনা সন্ধি;

যারা অন্যায় করে ভাঙ্গন ধরায় জনতার মনোবলে

তারা যত হোক বলিয়ান ছলে বলে কৌশলে,

জন মানসে ওরা ঘৃণ্য অতি নগন্য জঘন্য দুষ্কৃতি

জনতার ভয়ে গোপনে ওরা দেখায় ওদের কেরামতি;

দুর্বলতা কখোনো হয়নাকো বাঁচার কোন পথ

অন্যায়ের বিরুদ্ধে প্রতিবাদে করো গো শপথ,

ইতিহাস বলে দুর্জন যারা হয়ে যায় একদিন নিঃশেষ

জনরোষে ওদের জেনো দুঃখ আছে যে

অশেষ;

 হয়েছেন শহীদ বহু ত্যাগী মহান সে গুণীজন

অত্যাচারী ব্রিটিশ ও গিয়েছে ছেড়ে ওদের শাসন,

মৃত্যু ভয়ে আসীন যারা ভয়ে ধরে স্বার্থের ধ্বজা

আপনারে বাঁচায়ে তারা বুঝি পাবেনাকো কোন সাজা!

 একসাথে করি বাস গড়িয়াছি মোরা সমাজ

অন্যায় সকলেরে সেই বুঝে কর সবে কাজ,

মানুষের বুকে আছে দেবতা বিচার করেন তিনি

অন্যায়কারী কে মৃত্যু বিবরে লয়েছেন তিনি টানি;

পাপের স্বর্গে বিচার হবে শোন যত শয়তান

 পুণ্যের তরে দিয়েছে অনেকে জীবনের বলিদান,

হবে হবে জয় নিশ্চয় ন্যায়ের হবে প্রতিষ্ঠা

জ্ঞান প্রদীপ জ্বেলে থাকে যদি অন্তরে নিষ্ঠা

থুবড়ে পড়ে গণতন্ত্র

সন্দীপ কুমার ঘোষ

৩০/০৮/২০২১

হ্যাঁচকা টানে মুখোশ খল

রক্তে রাঙা মায়ের কোল

,শ্রমিক জাগো , উড়ুক ধ্বজা

নেতা লুটছে মজা ।

নেই একতা কলহ শুধু

ঊষর মনে শুধুই ধূ - ধূ ,

ছাত্র - যুব ওঠরে জেগে

আগুন হয়ে ওঠরে রেগে।

রণশঙ্খ বাজুক জোরে

আসুক ভানু নতুন ভোরে ,

পুঁজিবাদের বহিশিখাগ্রাস করেছে সব পরিখা ।

বিকিয়ে গেল মূল মন্ত্র

থুবড়ে পড়ে গণতন্ত্র ।।

রোষানলের অঙ্গীকারে

ঘেরাটোপের রুদ্ধ দ্বারে,

 বুভুক্ষের আর্তনাদে

অসহায় মা গুমরে কাঁদে।

       হাতের মাঝে হাতটি রেখে

গোটাকতক বাক্য লেখে,

ষোল আনার সাতকাহনে

 দিচ্ছি সঁপে উল্টা মনে।

বিপ্লবের বাজনা বাজেঅন্যায়ের অস্ত্র সাজে,

আগন্তুকে পেটায় ঢাক জীবন-রেখা নিয়েছে বাঁক।

     শোষণ চলে পেতে যন্ত্র

     থুবড়ে পড়ে গণতন্ত্র।।

মিথ্যে জ্ঞানী অহংকারে

 দিচ্ছে বাধা ন্যায় - বিচারে,

সদ্যজাত   আস্তাকুঁড়ে

আয় , যুবরা পাতাল ফুঁড়ে।

   বাকরুদ্ধ   সত্যবাদী

ভাবনা মিছে অতীত - আদি ,

নগ্নতাতে প্রমোদ খেলা

নরক মনে খুশির মেলা।

লুকিয়ে থাকে হাজার ভুল

চোখের মাঝে সরষে ফুল,

কূটকচালি চিবিয়ে খেলো

অরাজকতা ঘনিয়ে এলো ।

জোর দূষণে পচে অন্ত্র

থুবড়ে পড়ে গণতন্ত্র ।।

অন্য আমি

সন্দীপ কুমার ঘোষ

৩১/০৮/২০২১

আমি   মুখে বলি ভাই ভাই

শুধু ভুরি ভুরি চাই

মিথ্যা ভাষন গাই

লোভের খাবার খাই

আমি   কলুর বলদ ভাই।

আমি   নিজে জানি খাঁটি ভণ্ড

অপরকে দিই দণ্ড

লালসা করি না খণ্ড

ভালো কাজ করি পণ্ড

আমি   নিজেই নামাই চণ্ড।

আমি   শ্যামের বংশী ধরি

আল্লা'র নাম করি

খ্রিষ্টের বাঁধি তরী

বুদ্ধের ধরি দড়ি

আমি   ধর্মের ঘড়-ঘড়ি।

আমি   নকল সাহেব সাজি

ঠগ্‌ সাজতেও রাজি

করি শুধু চালবাজি

কাজের সময় কাজী

আমি   কাজ ফুরালেই পাজি

আমি   নকল অশ্রু-সিক্ত

সত্য-আখরে রিক্ত

মধুমাখা মনে তিক্ত

ফন্দি আঁটতে ক্ষিপ্ত

আমি   নিজে ভাবি আমি দীপ্ত।

আমি   সুসভ্য সেজে ঘুরি

মিছরির গড়া ছুরি

নিজে করি বাহাদুরি

আঁটাই ছল-চাতুরী

আমি   ভিখারীর করি চুরি ।

(আমার) আমি হওয়াটা

এখানেই শেষ নয়

        বাকি আছে আরো হবে

সব নয়-ছয়

        মনের ভিতরে

রাখবোনা কোন ভয়

        সব দিক থেকে হবে

জয় ; নিশ্চয় ।

হঠাৎ ভেবে প্রশ্ন করি

নিজে-নিজেই বসে

জীবনটাকে মেলাতে থাকি

নানা অঙ্ক কষে ।

(আমাকে) এমন 'আমি' বানালো

কারা ?

চাকরি পেতে দিল না

যারা !

সুখের ঢেউ ঘিরল

যারা !

অসম্মান করল

যারা!

পরমান্ন কাড়ল যারা ।

আমাকে করেছে তারা দিশেহারা

আজকের 'আমি' বানিয়েছে তারা ।।

অশনি সংকেত

স্বাগত ঘোষ

২৬/০৮/২০২১

করোনাকালে অন্ধকার বেড়েছে

কিছু বুনো ঈগলগর্ত খোঁড়ে কর্দমাক্ত রাস্তায়-

চেনা শহর জুড়ে অচেনা জলছব

কিছু কঙ্কালসার লাশবন্দী ঘরের চার দেওয়ালে,

ঘড়ির শব্দ জুড়ে অর্বাচীন ইশারা-মদের নেশারা বাড়ে রাত হলে

কিছু কালো হাত এগিয়ে আসেরাতের অন্ধকারে,

সর্বগ্রাসী ঘুম কেড়ে নেয় ওরা-

কঙ্কালসার জালানাজুড়েঅবৈধ সঙ্কেত,

কিছু গুপ্তপ্রেম ঢুকে আসেছোড়ার মতন স্রোতের বানভাসি ইশারায়রেশনের সামগ্রী জুড়েও অন্ধ রাজনীতিবন্ধ রাস্তা বন্ধ চেতনা-

তবুও পেট কি বন্ধ হতে পারে!

এ হয়তো এক আজব দেশ

যেখানে করোনাকালে ভোটের রাজনীতি চলে,

অভুক্ত পরিযায়ী শ্রমিকেরা আটকে থাকেদূর-দূরান্তে পথের শেষে-

জীবনের মূল্য দিতে হয় জীবন দিয়েইমাঝে দাঁড়িয়ে বিশুদ্ধ একরত্তি ভাইরাসযা হয়তো বদলে দেয় না জানা ভাষানা-বলা সংকেত।

করোনাকালে এভাবেই অন্ধকার বাড়েরাতেরা গভীর হয় আরো,

হারিয়ে যায় প্রতিবাদের ভাষা!তবু কিছু কবি আজও ক্লান্তিহীন

যারা বাতাসে গন্ধ পায় বারুদের,যা ভাইরাসের থেকেও মারাত্মক!

যার আদলে লুকিয়ে আছেহয়তো কোনো দাবানল,

যার আদলে দূরের পাহাড়েবট গাছের নীচে রাতের ল্যাম্পপোস্টর পাশেধেয়ে আসে কিছু নৈব্যক্তিক ইশারা,কিছু অশনি সংকেত।

প্রতিবাদী চেতনা

হরিহর বৈদ্য

তারিখ-৩১।৮।২০২১

আমার মনের ভাষা যেন আগুন হয়ে ঝরুক বারে বার,

সে ঝরের আন্দোলনে খোলে যেন মনের রুদ্ধদ্বার।

এমনিভাবে প্রতিবাদের বৃষ্টি ঝরুক

অন্ধ প্রাণের বাতায়নে আলো জ্বলুক।

সহস্র হাত ঊর্ধ্বে তুলে গর্জে উঠুক,

মুক্ত পাখির ডানায় নতুন প্রভাত আসুক।

কলমে রক্তলেখা আবির নিয়েছড়িয়ে দাও সবার মন-গগনে।

যে ছটায় দৃষ্টি ভরা আবেশ এনে,ভরিয়ে তুলবে সবাই আপন মনে।

ভবিতব্য

মহুয়া হাজরা

৩১.৮.২১

ভুল করেছি ভবের হাটেখুঁজতে গিয়ে সুখের চাবি

চলবে জীবন আপন বাটেকরবে না আর কিছুই দাবি!

ভুল করেছি আপন ভেবেনিজের করে নিলাম টেনে,

ভাবি'নি তো ছেড়ে দেবেভবিতব্য নিলাম মেনে।

একলা আসা একলা চলাবৃথাই সুখ'কে খুঁজে ফেরা,

প্রাণের টানে কথা বলাভুবন শুধুই মায়ায় ঘেরা।

স্বপ্ন রঙিন কাটলো যে দিনফাটলো ফানুস খুললো আঁখি,

রইনু পড়ে আমি দীন-হীনমনের বেদন মনেই রাখি।

শেষের বেলায় দিয়ে যায় ডাকঅস্ত রবির রাঙা আলো,

হৃদয় মাঝে থেকে যায় ফাঁকসায়াহ্ন হয় আঁধার কালো।।

অযোগ্যতার মোড়কে আমি

রবীন্দ্রনাথ হালদার

তারিখ-৩১|০৮|২০২১

না জেনে,না বুঝে,কখনো কোনো কাজই করতে নেই।আমার পূর্বপুরুষরা করেছেন সেই ভুলটাই আমার জন্মলগ্নেই। জানতেন না কি তাঁরা, কবিগুরু রবিঠাকুরের কত সুনাম !জানি না কেন রাখলেন তাঁরা,সেই নাম ? করতে কি তাঁহার নামের বদনাম?যেখানে পড়েনি কোনোদিন দেবী সরস্বতীর শুভ পদার্পণ,সেখানে হলো কিনা সরস্বতীর বরপুত্রের নাম নির্বাচন !জ্ঞানহীনজনের কৃতকর্মের ফল,বয়ে বেড়াতে হচ্ছে আমাকে,নামের কুফল।এক অক্ষর লিখতে গেলে কাঁপে যার হাত,তার কিনা নাম রেখেছেন আবার রবীন্দ্রনাথ!একফোঁটাও বিদ্যা নেই যার ঘটে!সে কলম দিয়ে আঁকবে ছবি সাহিত্যের চিত্রপটে ? নিরক্ষরজন যদি কখনো পায় সাহিত্যের পরশমণি !কাজে লাগবে কি তার সেটা?

সমৃদ্ধ করতে তাহার নিজস্ব লেখনী ?শুধু-শুধু পিতৃপুরুষদের একা কেন দিই দোষ ?আপন কর্মের জন্য করি না কেন বিন্দুমাত্র আপশোস ?বাল্যকালে শিক্ষাটুকু যদি নিতাম ভালো করে!বার্ধক্য বয়সটা কাটতো বোধ হয় অন্তত মহাসমাদরে।সরস্বতী মা'কে যখন আমি দিয়েছিলাম ফাঁকি,তবে এখন আমি কেমন করে কালি-কলম দিয়ে সাহিত্যের ছবি আঁকি ?ফাঁকি কাউকে দেওয়া যায় না,নিজেকেই ফাঁকে পড়তে হয়!তাই,ক্ষমা করবেন কবিগুরু,লেখা-জোকা !ওসব কাজ কেবলমাত্র আপনার

জন্যেই,আমার জন্যে এ জীবনে অন্তত নয়! গুরুজনের দ্বারা নামকরণ অতীত ইতিহাস,রবীন্দ্রনাথ নাম রেখে করেছেন তাঁরা আমার প্রতি নিষ্ঠুর পরিহাস!যোগ্যস্থান যার ফুটপাত,তার আবার নাম রেখেছেন কিনা রবীন্দ্রনাথ !

ভুলে যাব

সূর্য মাইতি

৩১/০৮/২০২১

এক দিন ভুলে যাব সবভুলে যাব মানুষের কোলাহল, প্রিয়জন হারিয়ে হবো শান্তভেঙে ফেলে সব মনোবল।

ভুলে যাব প্রিয়ার প্রেম সয়ে যাবে বিরহের ব্যথা,সকলেই হয়ে যাবে পর কেউ আর বলবে না কথা।

ভুলে যাব হিরোসিমার কান্না ভুলে যাব নাগাসাকির যন্ত্রণা, পরমানু হয়ে যাক সব তবু আমি মুখ খুলবো না।

বেঁধে নেবো পাঁজড়ের হাড়চিন্তটা রাখবো না তার, ফুটপাতে মানুষ করে বাসহবে নাতো কোন প্রতিকার।

ভুলে যাব পৃথিবীর স্মৃতি ভুলে যাব ভালোবাসা প্রীতি, ভুলে যাব পাখিদের সুর ভেঙে ফেলে নৈতিক নীতি।

ভুলে যাব মায়ের মুখের হাঁসি ভুলে যাব প্রতিবাদী গান, ফেলে যাব প্রশ্নের ঝুড়িরাখবো না কোন অভিমান।

সমুদ্র তটে বসে থাকি একা কানে আসে মানুষের কলরব, আনন্দ আজ সবাই ভুলে গেছেএকদিন আমিও ভুলে যাব সব।

একটা গন্ধ

মলয় দাস

জীবনের প্রতি সময়ের একটা গন্ধ থাকে , সেই সময়ের নস্টালজিক মাটিতে যখন স্মৃতির বৃষ্টি নামে তখন সেই সোদা গন্ধটা মনের আবেগের নাসারন্ধ্রে উঁকি দিয়ে যায় , এক সারাদিনের গল্পের বর্ষা নামে অঝোর ধারায় ॥ ভোরের প্রথম আলোর একটা মাদকতা নেশা ধরাতো , বয়স্ক মানুষের দৃপ্ত পদচারণায় পদদলিত ঘাস , আমায় এখনও অন্তহীন ছুটে চলায় ॥ সকাল নটার গন্ধটা এখনও বয়ে নিয়ে চলেছি কলুর বলদের মতো ॥ স্কুলের গন্ধ , ভাতের ধোঁয়ার মতো এখনও সময়টাকে ধরে রেখেছে অতীত -বর্তমানের সিলেবাসে ॥ দুপুরের পিচ রাস্তায় , গাছের তলায় ছাত্রদের কোলাহল এখনও অ্যালকোহলের মতো নেশা স্নায়ু গুলোকে উদ্দীপ্ত করে এখনও চারটের ঘণ্টার গন্ধটা শেষ হয়ে যায় নি জীবন থেকে , পুরাতন ভৃত্যর মতো শীতের চাদরের মতো আষ্টেপৃষ্টে জড়িয়ে রয়েছে সারা শরীর জুড়ে ॥ সন্ধ্যা নামা বিকেল অস্ত রঙ ছড়ায় হৃদয় জুড়ে , সবুজ মখমলের শেষ প্রান্তে অন্ধকার নামে ধীরে ধীরে , ধোঁয়াশা ছড়ায় আসতে আসতে , গৃহপালিত জীব গৃহে ফেরে , তুলসী তলার পরিবারের গন্ধটা কোথায় হারায় , রক্তের সম্পর্করা আজ এক শিরায় প্রবাহিত হয় না , জীবনের বাস্তবতায় তারা আজ ফেরারী অতীত ॥ভেবেছিলাম গন্ধটা মিলিয়ে যাবে নিশির ডাকে নিশির অন্ধকারে কিন্তু ঐ বাঁশবনের মাথায় কাজলা দিদির চাঁদ , জ্যোত্স্নার গন্ধটা যেভাবে অচেনার আনন্দ মনে পড়ায় আজও, জীবনের সাফল্য -ব্যর্থতার ঘামে ভেজা শরীরে স্মৃতির পারফিউম নস্টালজিক

করে ॥ শীতের কুয়াশা , হেমন্তের শিরশিরানি , বর্ষার লহড়া , বসন্তের কোকিলের মতো জোয়ার -ভাটা সেই সোদা গন্ধটা ......শিউলি , বেল , জুঁই , রজনীগন্ধা , বকুল', কাশ ফুলের মতো জীবন থেকে জীবনে ॥

www.ingramcontent.com/pod-product-compliance
Lightning Source LLC
La Vergne TN
LVHW051537170726
843492LV00006B/1813